蒙格斯文集之

拥抱不确定性

朱小黄 / 著

经济管理出版社
ECONOMY & MANAGEMENT PUBLISHING HOUSE

总序

在遥远的非洲大草原上,生活着一群小型哺乳类动物"獴"。它们以蛇鼠为食,群居而生,警惕而敏感。通常在外出活动时总会留下一只充当"哨兵",一旦有危险情况出现,"哨兵"便发出特殊的叫声来提醒所有同伴,以此预警。与獴面对的动物世界类似,人类社会同样充满着各种不确定性与风险,蒙格斯智库取"獴"的英文(Mongoose)音译,意在提醒和预警经济社会生活中的各种不确定性,充当中国乃至世界防范风险的"哨兵"。

蒙格斯智库以经济研究中的各种"拐点"为起点,逐渐扩展到其他研究领域。《蒙格斯文集》便是横跨经济、金融、法律、风险、历史、社会、文学等多个领域的有益尝试。文集由中国行为法学会金融法律行为研究会会长朱小黄博士倡导和组织,蒙格斯智库编辑整理,文体包括论文、笔记、杂谈、散文、评述,等等,多种多样。文集将逐步收录国内经济、金融、法律和文史等方面理论与实务大家的作品。文集的作者们或是经济、金融、法律领域任职多年、经验丰富的企业家、高管和政府要员,或是博通古今的专家、教授等饱学之士,甚或二者兼具。文集中的内容和观点均是他们在工作和生活中逐步思考、总结和完善的。文集既是他们对经济、历史、社会、人生的观察站,也是他们忧国忧民、寄语人生的日记本。文集最大的特色便是多领域的跨界研究。比如经济与法律的跨界。经济的发展不仅注重效率亦注重公平，法制的建设和法律的规范必然随之左右。出版《蒙格斯文集》的目的，就是要为学人留存经典，为学问建立路碑，为读者构筑曲径。

同一般的学术性文集不同，本文集的内容具有很强的社会现实意义。其以经世济用的人文情怀为指导，讲究"学以致用"。而哲学思辨则是本文集另一大特征。文集作品立论清晰，理论充分，论证严密，是作者们智慧的结晶。其哲学思辨相信对非相关领域的读者也能带来思维上的启迪。文集所邀作者均有文字流畅、华美，具有较高文学欣赏价值的特色。既可"启蒙心智，格物致知"，也可为国家发展、社会进步、人格完善提供精神佳肴。愿未来能有更多作者加入我们，提供更多更好的作品以飨读者。也愿这套《蒙格斯文集》能够成为更多读者思维的训练场、心灵的加油站、思考的参考书！

蒙格斯智库
2018年11月于深圳

自序
锲而不舍

笔者1977年考入湖北财经学院即今中南财经政法大学，1982年初入中国建设银行总行工作，后又脱产在北京大学读两年经济法专业，之后从事经济金融工作近四十年。其中做过法律法规工作、办公室行政、公司信贷业务、风险管理、个人业务，等等，后来成为大型商业银行的高管，历经了中国经济社会改革开放的波澜壮阔与曲折坎坷，也亲历中国社会经济改革转型与法制建设的艰难历程。由是而论，我当然深知改革开放、民主与法治建设和社会转型的不易。但我也深知四十年来，中国社会在社会主义市场经济发展与法治社会建设方面取得的巨大进步。弹指之间，早已今非昔比。

但就理论研究而言，虽然也写过不少的文章和著作，但大多流于年轻时的肤浅和当时的具体问题，谈不上学术性研究和写作，忙于具体事务而荒于理论探索。最近几年写的东西少了，但自己觉得思考的深度和学术性增强了。本书所辑的文章，就是近几年研究经济、法律和风险问题的收获。

对不确定性的理解和认知，已经远超风险范畴。我一直尝试把风险研究的理论、方法和工具提炼运用到经济学研究、法律现象解释中去。世界的本质是不确定性的，所以持有不确定性的理论立场是研究任何问题的重要维度。

书中对不确定性问题的讨论，对区块链与去中心化文明取舍的分析，对许多法律现象的经济与风险原理的解释，相信能给理论和实务工作者带来启发。

中国的道路需要中国的理论，中国的理论必须融入世界文明体系才能持续并为世界文明做出贡献。无论前进的道路上有什么障碍和困难，我仍然坚信在中国特色社会主义实践中，改革开放的趋势不可逆转，法治文明的步伐越来越快。这成为我的思想信仰。我愿意为这样的进步思考和写作，为这些文明的话语添加自己的声音，去汇成洪流，席卷前行。本书所辑的文章就是在这样的历史环境下耕耘所得，也是坚守信念、锲而不舍的成果。

本人2015年以来兼职中国行为法学会副会长并金融法律行为研究会会长，正好有机会以银行风险官和行长的职业背景来跨界观察和思考经济、金融、法律、风险之间的内在关联和原理交融。几年来写下数十篇这样的文章，收集起来再看，倒也别有一番风味和特色，也许能为法律问题研究和经济金融现象的解释另辟一条蹊径。这是蒙格斯智库出版此书的出发点，也是我的初衷。

年事渐高，再要勤奋笔耕恐也力不从心了，所以这本书大概也就是收官之作了。

尽管每本书面世我都心存恓惶，仍然谨祝读者开卷有益。

是为序。

朱小黄
2019年11月

目录

壹 不确定性与风险 | 001

拥抱不确定性 003
预警的经济学基础 015
蒙格斯拐点及其学理 020
蒙格斯均衡与算法 027
错误是如何发生的？ 033
谈判的境界 038
不确定性：人类会不会灭亡？ 040
中国金融风险管理十年和未来 043
结构调整与风险承担 059
系统性风险的防范及监管要害 066
简单与小是不是防风险绝招？ 071
走出庞氏陷阱 073
泛城镇化的恶果 076
大都市吸金现象及风险成本 078
房地产危机 083
限购政策与逆向选择 088
快捷是我们的追求吗？ 091

风险与法律 | 093

平等即保护　095

权力的本质　099

劣币为何能驱逐良币　102

文化堕落和版权保护　107

相信能力品德还是相信流程　109

激励机制与伦理失衡　111

商业道德底线靠什么构筑？　113

防御性决策、道德风险及逆向选择的法律考量　115

无限与有限的风险与法律度量　118

全民创新的社会需要容错机制　121

互联网金融崛起、法律风险防范与监管　123

经济安全与刑事法律风险治理　126

公司治理结构中的法律与风险的均衡　129

治理杠杆选择与法治支点　131

企业合伙人制度的风险与法律评估　134

抵押品法律与风险的有效结构　137

请坚持法律的高尚　139

法律的精神是公平与效率的平衡　142

契约精神的经济解读　145

叁 悖论与公平 | 149

"任期公平"困局与异度均衡　151

国企改革的企业家困境　154

阿里、京东的经济悖论　163

银行家的贷款悖论　169

银行家悖论的解悖　172

差异、效率与公平　180

差异与发展的悖论　182

全球最大的风险源是公平失衡　185

患寡与患均的伦理陷阱　189

进与出的不同逻辑　191

肆 数据与算法 | 195

如何看待比特币　197

数据的产权制度和隐私边界　209

大数据异化及算法王道　215

去中心化的文明选择　221

逻辑与数据　229

壹 不确定性与风险

拥抱不确定性

——兼论中国经济研究的改革

生活中充满不确定性，我们大部分人虽然尚未有充分的认知，但都已经在实际行为上学会了如何适应不确定性的环境而有效生存，学会了面对不确定性而做出选择和取舍。社会已经在教育、发展规划、技术应用等方面对不确定性做出安排，并创造出天气预报、保险机构、地震防灾、应急预案，甚至银行贷款拨备等机制来适应或补偿不确定性损耗的影响。但就现状而言，社会主流认知体系中，仍然缺乏在不确定性前提下认知事物的能力，依然不能理解所有的问题源于事物与信息的不确定性，仍然只盯住可能实现的收益，而不关注可能的损耗并从负面逆向吸取错误的教训。

人类不喜欢不确定性，希望一切都是确定的，因此我们会对占星术深信不疑，会向上帝祈祷，会收集上万亿字节的信息，试图把互联网变成无所不知的"水晶球"，甚至认为大数据会带来已知的明天。但恰恰忘记了如果一切都变得确定无比，生活将会无聊至极。

尽管如此，还是有很多人希望各类专家和领袖能给他们一些确定性的预测，但这些所谓的专家告诉我们的可能只是他们的错觉。那些预测大多是错误的。不可思议的是，即使股市预测者年复一年地提供错误信息，很多人仍急于看到这些预测。正所谓"兵不厌诈"。

追求确定性的预期或是拥抱不确定性，是基于两种不同的哲学思想和逻辑思维方式的两种生存方式。承认不确定性并在不确定性的环境中建立社会治理规则与企图建设一个确定的生存环境是两种不同的社会状态。把经济学当成预测未来的学问常常成为笑柄，也可能一夜成名，并不是这些所谓经济学家水平的差异造成的，而是他们以确定性情景假设为前提的预测有无碰上运气决定的。如果有经济学家号称准确预测了某次经济危机或股市涨跌，那其实并不是真的经济学家。因为他根本不明白经济运行的不确定性决定了虽然可以计量出某种状态，却不可能给出某种具体确定的答案。

不理解不确定性就无法理解现代经济。这一点正是中国经济学家的普遍软肋。他们往往以追求事物的确定性为己任，企图创造准确预测的神话。

一、不确定性理论的四个来源

到目前为止，所有关于不确定性的理论都是把不确定性作为一种现象来研究的，这远远不够，在笔者看来，不确定性是所有现象的背景，是世界的本质。所以，不确定性有人与自然关系上的深刻根源。

不确定性是人类行为的总和，确定性只是人类行为的短期单项结果。表面上看这与数学上的中心极限定理或者大数定律相悖。中心极限定理是指当样本容量极大时，样本均值的抽样分布趋近于正态分布，大数定律是说在一个随机事件中，随着试验次数的增加，事件发生的频率趋于一个稳定值。在数学的世界中，当个体数量级很大时，整体上就趋于一定的稳定性了。但这种稳定性只是一种统计分布，是一个平均值。稳定性是某种状态的均衡，正是不确定性的产物。

世界充满不确定性，归纳起来，其根源于人性的差异、物理世界量子运行的不确定状态、人类认知能力的有限性及对已知科学原理运用的偏差即现代工业文明带来的负面作用。这四个方面的叠加决定了现实世界的不确定性。

其一，人性的差异使人的行为差异很大，就像世上没有两片相同的树叶一样，也没有两个相同的人。这使得人类社会的世界里无法确知每一个人的行为预期，虽然可以计算出某种环境下行为发生的概率，但每个人的心理活动复杂多变，很多难有长期稳定的心理状态。

那么心理世界即人性差异的不确定性是否可以通过实验发现某种公式和变量进行计算呢？目前可以作为心理波动计算方法的科学大约只能是博弈论了。

博弈，即某个个人或是组织，面对一定的环境条件，在一定的规则约束下，依靠所掌握的信息，对各自行为或是策略进行选择并加以实施，并各自取得相应结果或收益的过程，显然这是一个心理活动支撑下的取舍行为，博弈的规则和方法就是心理活动及结果。在经济学上博弈论是个非常重要的理论概念。信息的对称性决定了博弈结果的均衡性和帕累托效果。所以总的来看，人类行为的不确定性在某些条件下是可以通过建模计量预测的，经济学已经提供了不太完善但很有说服力的理论与方法。

行为心理特征下的不确定性还有很多表现：

如行政管理下的交通疏堵解决方案，为防止发生交通事故，不是去挖掘道路的时空资源便于畅通，而是堵住各种交叉路口和路边停车，反而造成交通资源损耗而发生更多事故。为节日高速通畅采取免费政策，结果反而使大量车辆拥入高速路造成更堵局面。四川历史上发生过官员为防火灾禁止民间夜晚用火，但川民喜吃夜宵，常偷偷用火反使灾情更多。明清闭国，为防海贼倭寇封海驱民，不许边境贸易，结果边患不歇。为防舆论不利采取焚书坑儒、封闭网络等办法，都是不懂心理上的人性不确定性的表现。

其二，物理世界的不确定性通过量子力学的公式和变量得以证明和计算。量子力学中的不确定性原理（uncertainty principle）是由德国著名物理学家海森堡于1927年提出的，这个理论是说，你不可能同时知道一个粒子的位置和它的速度，粒子位置的不确定性表明微观世界的粒子行为与宏观物质很不一样。此外，不确定性原理涉及很多深刻的哲学问题，用海森堡自己的话说："在因果律的陈述中，即'若确切地知道现在，就能预见未来'，所得出的并不是结论，而是前提。我们不能知道现在的所有细节，是一种原则性的事情。"

现在看来，海森堡的这个关于微观世界的结论也适用于宏观物理世界，也适用于人类社会。微观世界规律决定了宏观世界的本质。事实上宏观世界存在无限多的元素，每一种元素的位置与速度是动态而变化的，也是无法确知的，任何未来都隐含着无穷的不确定性。

所以，我们可以说世界的本质是以不确定性为表征的。尽管我们在宏观世界和牛顿力学定律中没有明确感受到不确定性的作用，但毫无疑问人类生活在某种神秘力量制造的不确定性环境里。

其三，人类对宇宙自然的认知总的来看未知远远大于已知。由于宇宙与自然的无穷，人类的认知能力永远只是浩瀚之一角，对人类而言，已知的越多，则未知的越大。这就在客观上决定了人类面临着未知所挟带的不确定性。有人举例说，科学就像平面上的一个圆，圆里边的面积是我们熟悉的科学，我们的"已知"，圆外的面积是我们的"未知"。我们的科学越发展，圆的面积越大，周长也就越长，我们接触到的未知也就越多，所以，不确定性是人类难以逾越的鸿沟。

其四，传统知识运用的偏差带来的不确定性也是惊人的。这种偏差可以体现在概率论的计算公式中。任何事情发生的概率，其实质就是与常识判断的偏差。在现代工业文明社会，由于知识与技术运用越来越广泛，认知偏差也越来越多，事物发生偏差的概率也越来越大。

这四种原因造成社会运行中各种信息不对称现象，形成林林总总遍布世界的不确定性。

二、不确定性的绝对性与相对性

就像确定性不是指所有事物的固化一样，不确定性也不是指所有事物保持不稳定状态。一定条件下的稳定与总的环境下的不稳定构成世界的客观特点。人类社会一方面需要构建一定条件下的稳定生活，另一方面也要防范整体不稳定因素对稳定的冲击。

世界的每个局部和时段是确定的，但整体来说是不确定的。

不确定性是绝对的，是经济社会常态现象，确定性是相对的，有条件的，短期的。在特定条件下两者可以互相转换。从不确定性出发，信息对称只是相对的，而信息不对称则是绝对的。尽管人类信息收集与信息分享的规则已经日趋完善，但不仅市场，而且整个社会运行中，都将永远面对信息不对称的挑战。

在长期不确定性的世界里存在短期的确定，这种短期的可确定可预期只是长期的不确定性的表现而已。即使是可计量的风险，也不是一成不变的。

由于世界充满不确定性，因而世界也是多样化的，所以那些灌输式教育、统一模式、统一思想、整齐划一等思维方式都是不符合世界不确定性本质的。人类需要适应和学会在不确定性的趋势中建立确定的预期和相对稳定的、局部的、某一期限的生活环境。这是人类文明进步的重要内容，尽管我们已经学会了许多，但仍然有许多的问题要解决。

三、经济不确定性原理

经济学的发展，从思想背景上考察，就是从追求确定性向拥抱不确定性的转换。

现代经济过程可以看成是一个心理与行为的博弈过程，是一种以不确定性为条件的社会活动。经济活动就是在不确定性中进行当前与未来、此地与异地、此时与他时之间的收益与损耗、有利与不利的取舍。

经济不确定性指经济行为者在事先不能准确地知道自己的某种决策的结果。或者说，只要经济行为者的一种决策的可能结果不止一种，就会产生不确定性。经济学中关于风险管理的概念，指经济主体对于未来的经济状况（尤其是收益和损失）的分布范围和状态不能确知，只能利用数据对现状和未来某种程度的表达，通过计量模型和工具寻找最接近真实的计算结果，用以指导人们对现状的理解和对未来的预判。

世界上不存在非此即彼的事情，都是一个过程；世界上也不存在是非分明的事情，同一件事不同的阶段意义不同。事物未来的不确定性状况总是充满转折即拐点，经济学家的任务是寻找各种事物发展规律的拐点，从而预测未来。

所有的社会管理活动都可以归结为不确定性管理，经济研究和管理活动尤其明显。

不确定性可以分为可计量和不可计量两类，所谓现代风险管理理论就是对可计量不确定性现象的研究和计算。在经济学领域，富兰克·H. 奈特首次区分了风险与不确定性。奈特说可测量的不确定性才是风险，才能进行管理。如果一切都可测，在完全竞争的市场里，企业家为何能获得利润？奈特的答案是利润来自不可测的部分，来自不确定性，就像是风吹落叶一样，总有几片出乎意料。因此，不确定性才是收益的来源。

在经济活动中，由于无形资产的作用是潜在的、间接的，且无法预知科学技术的更新速度，这种不确定性就表现在无形资产所能提供的未来经济效益及其自身成本价值均难以准确计量，因此经济主体对于未来的经济状况尤其是收益与损失的分布范围以及状态不能确知。

经济学不能企图寻找到经济发展的准确顶点、低点或拐点，只能通过计量判定某种状态或某种趋势。对乐观的前景做好资源准备，对悲观的前景做好承受安排。

不确定性是一个经济学术用语，但其所包含的意义远非经济学，同时也是一种生活态度、认识维度、思维方式。

对确定性的追求在经济领域是一种思想误区。传统经济学和现代经济学的分野正在于对不确定性的理解和态度。国内经济学研究与现代经济学研究相差甚远，根本就在于对不确定性的理解，整个经济管理都囿于对不确定性的认知程度而陷入窠臼。

追求确定性是人类梦幻般的向往，但就人类社会生活而言，不确定性才是本质，确定性是相对存在的。一旦事物确定了，也就停滞了。计划经济的荒唐性就在于把需求固化再组织生产，认为只要需求数据准确，生产就最经济。但世界上并不存在确定而固化的需求。减少不确定性概率，尽量靠近确定性，却是计算不确定性的意义，即构建相对确定的短期和局部预期，以实现收益。这似乎是个悖论：不确定性管理的意义在于寻找确定性，而真正找到确定性时，事物却失去了意义。例如我们千方百计加速向前，但超过光速时却往后穿越。其实这正是不确定性的绝对性和确定性的相对性的关系。

所有的经济活动从不确定性出发可以看成是风险释放和承担的过程。人们一般认为调整结构是一种纠错行为，只要判断时机准确，措施针对有效就会带来巨大收益。其实经济结构调整是一种周期性的经济现象和治理规律，而且任何经济调整都是以风险承担为代价的。没有承担的机制就无法实现调整成本的分摊与消化，调整也是无法真正成功的或者反而会付出高昂的成本。

现阶段中国经济的结构调整是对长期快速增长所积累的风险的释放，某种意义上调整结构的过程就是实现风险的释放、转移、分摊和消化的过程，其核心是要避免系统性风险的爆发，这就要求延长风险释放的时间窗口和切实落实风险承担问题。具体来说，就是要稳定经济增长，在发展中解决风险释放问题即实现风险的缓释，且被释放的风险要被合理地真实承担，这是在调整结构释放风险过程中应该树立的一个最基本观念。

结构调整过程中释放的风险不能被消灭，就必须要被不同的经济单元承担。要稳定经济增长就要保证实体经济有一个良好的发展环境，市场的所有参与者都应当按契约规则承担相应的风险成本，从而获得新的生机。由于政府在经济生活中的主导作用和国有资本的经济地位，政府理应承担经济结构调整的风险。所谓承担风险，就是承受结构调整带来的波动所产生的负面结果。

在经济生活中深刻理解不确定性的另一个重要问题是依靠市场调整结构还是依靠行政监管，这实质上是对不确定性的认识问题。中国经济界对不确定性一向缺少正确认识，心理上很向往"有计划"的确定性。而市场的基础却是建立在不确定性规律之上。在经济社会中，确定性并不存在。正因为市场充满不确定性，才有各种机会和取舍，才有"看不见的手"，才可能有收益，也可能有风险损失。喜好行政办法，依赖监管路径的本质，是向往经济发展的确定性，而这几乎是一种幻想。

需要指出的是，大数据是不确定性的产物，虽然是确定事实的记录，但数据所能表达的未来仍然是建立在未来不确定性基础上的，不确定性研究与统计学研究的区别正在于此。那些以为大数据能够为计划经济张目的人是幼稚可笑的。

经济结构调整与监管及政策杠杆运用的综合效应形成了目前的经济现状，既有成效也有隐忧。但由于风险的承担没有明确的路径，使得所有的成效和隐忧都无所依据而同样不确定。当前需要抓住本质，厘清原理，方有未来。

既然不确定性是客观存在，那么我们就只能与其共存、与其共舞，从不确定性中寻找生存与发展的机遇，而不是一味追求确定性而采取与自然规律相悖的方式。人类正是逐步学会和建立了适应不确定性的运行规则才创造了各种文明和进步。在不确定性中获取收益，减少损失。市场经济的科学之处就是在于承认经济运行的不确定性，承认"看不见的手"，承认波动，承认损失，承认偏差，并且为此建立了一整套秩序和规则，利用计量技术，数学模型，预测所有波动的规律和风险成本，并由此找到最经济的方法组织社会经济运行，或许这才是经济学的本质。

如果说中国经济学研究需要革新的话，那就应该从深刻理解不确定性开始，把政策研究和市场研究、交易研究、成本研究、价值研究等，都建立在不确定性的基石上，这样才能真正同发达国家的经济学研究接轨，从传统的经济模式转化为现代模式。

除了经济学应该以不确定性研究为基础，实际上其他学科领域都应具备不确定性观念。比如在法理学中，对法律的功能和核心价值的描述，就应当引进不确定性理论要素。我们一般把法律的功能归纳为行为指南，其实远远不准确。从不确定性出发，对刑事而言，边界之内拥有自由，触犯了边界招致惩罚；对民事而言，边界之内依靠契约，触及边界司法救济。正因如此，自由是相对边界而言，契约是依据平等而言，边界与平等权益才是法律的核心价值所在。

在不确定性的环境中，法律的功能是建立相对确定的边界，使人们的行为处于对社会总体有利的不确定性均衡取舍范围内，在这个意义上，法律在排除不确定性方面起着独特的社会治理作用。

在不确定性理念中，所有的社会管理本质上就是努力为大众提供一个相对确定的生存环境，尽量排除大众生活中的不确定因素，使得每个人在行为、利益、人际关系和自然环境等方面都有稳定的预期，法律就是这种稳定预期的社会公约和公示。相对于对个人行为的指引，这个稳定预期的功能更加重要，也构成法律的核心价值。

维护边界，稳定预期，促进博弈，这才是法律体系的最广泛作用的基本功能和核心价值。

四、风险管理与经济拐点

在不确定性的处理上,人类采取了理性的姿态:对不可计量的不确定性事件如地震一类的自然灾害,主要是进行事后管理,提高对后果的承受能力,如建筑的抗震设计及应急处置能力;而对可计量的不确定性则利用数据和数学模型进行测算,并进行降低这些损失的管理。前者寄希望于运气和人类经验智慧的积累,后者则可以通过定量分析得到控制。现代风险管理和经济学的研究本质就是对可计量的不确定性进行分类和计量管理的理论。

在不确定性研究中,数学模型表示了不确定变化的规律,而经济学的出发点则是确定这些变化的收益或损失的程度应该如何定义,或在事先的投资预测中是否能够承受损耗。这样的测算就是风险管理。

风险到底是什么呢?金融学和统计学认为,风险是波动。但有的经济学家(张五常)说波动不是风险,只是风险的度量。如果说风险是波动,那是用事物的度量代替事物本身。他认为风险是隐藏的信息,即信息不对称。

巴菲特这样的投资者则认为亏钱才是风险。这种观点认为当不确定性事件真正发生时才转化为风险,当风险的积累影响到企业经营的根基或者说出现结构性缺陷时,如偏离成功理念、战略重大调整、战略执行失控,风险也可能向确定性转化,成为必然发生的事件。

实际上风险管理所指向的是风险成本,即由于不确定性所掩盖的未来很大概率上可能会出现的风险损失。

没有收益当然不用承担风险,收益与风险总是相伴而生。经营的目标不是消灭风险,而是衡量计算收益能否覆盖风险,从而进行取舍。20世纪90年代末在监管工作中曾经有过"零风险"观念,事实证明这是做不到的。没有不确定性,没有风险,何来收益?没有收益,各种经济行为终将失去最终动力，经济社会生活犹如一潭死水。各种社会监管就是要在当下规则下，处理未来不确定性，这是风险管理特性决定的。风险管理本身就是应对未来不确定性的技术。风控和监管不是为了把监管者所认为的"不好的"交易堵死，而是为了更好地利用不确定性促进市场交易实现收益，这是市场的本质。

只有承担风险的人才能感受风险。市场监管部门不能对市场进行预测而引导市场，原因就是市场是充满不确定性风险的，而监管部门并非市场主体，并不承担风险，当然不宜解释风险，而只能在市场秩序的维护上发挥作用。

在蒙格斯经济拐点的研究中，希望用"拐点"这一概念来表达从不确定性出发借用风险计量的方法预判未来趋势的新的经济风险观察角度，形成新的经济研究的体系。其逻辑顺序是：因为不确定性，所以风险是客观存在的，而且是可以计量的，所以世界上所有的事物都存在正面与负面作用共存的发展规律，也就是悖论的存在。找到正负两面的均衡点就是解悖，解悖就需要运用数据和计量技术进行建模和回归等计量，从而得到拐点。再依据数据结构和模型参数对拐点进行经济学、社会学、心理学、法律行为学的解释，就能洞悉过去，理解现在，预判未来。所以，上述拐点研究的本质就是基于不确定性的风险研究。

五、不确定性思维

理解不确定性是理解现代经济的钥匙。以确定性为假设前提和以不确定性为假设前提，在某种程度上是现代经济学与经典经济学的分野，也是传统文明与现代科技文明的区别。不确定性也是一种思维方式，可以列举的有：

——不确定性是人类社会的财富。不确定性带来了气象学、概率论、博弈论、计量经济学，甚至古人的命理学等学科，也带来了保险、测量、评估等各种行业。可以说,没有任何学科、行业、思想、行为的成果跟不确定性无关,没有任何财富的产生不是源于不确定性的处理,我们没有任何理由厌恶不确定性,只能拥抱它才能进步发展富硕。

——没有什么事情可以一劳永逸地解决。所有确定的结论都是不完全可靠的。真正确定的事情只有一件:那就是死亡。尽管它也是不确定性的产物。

——所有的预期都有意外,不以人的意志为转移。所有的政策研究和解决方案都是做最有利、最可能的选择,都需要准备其他可能的预案。

——所有的事物都是波动的。波动是不确定性的外在表现,经济生活尤其如此。

——所有的事情都有收益和损耗,都有正面和负面的影响。

——可以计量的未来不确定性中的损失应该计入当期成本。完整的投资成本包括财务成本、机会成本和风险成本。其中风险成本可以通过计量得到相对真实的结果。

——不确定性总是在某些条件下存在,改变条件就可以改变不确定性状态,所以也是可以管理的。

——在行政管理与企业管理中,不确定性更加显示出迷人的魅力,在笔者看来,所有的管理活动都是在处理三个基本问题:面对人性、超越自我、信息对称。这可以说是三个不确定性难题。

总之,由于世界的本质是不确定性的,我们没有其他选择,只能融入不确定性,拥抱不确定性,从中发现规律,获取收益,降低风险,在波动中艰难前行。

(本文写于 2018 年 12 月 10 日)

预警的经济学基础

经济学研究的基本功能之一就是预判未来。所谓预判，一是预测未来收益的机会及概率，建立相对稳定的预期；二是预计未来风险的概率及成本。后者的预计结论如果对社会和大众可能产生巨大影响，则需要一定条件下的公开预警。

一、预警的学术含义

经济危机可不可以预警有许多讨论，如高善文就认为：金融市场理论中有一个特别有影响力的假说，叫做"有效市场假说"。基于"有效市场假说"的分析思路，会发现预警是一个伪命题：如果金融危机可以预警，那么通过基于预警指标体系的交易，本身就可以获取巨额的利润。这就使得所有基于公开信息和理论模型能够反复地、成功地做到的预警，最终是不可能发生的，因此他认为，预警本身就是一个伪命题，从根本上来说金融危机就是不可预警的。无论付出多大的努力，"预警金融危机"都是在白费功夫。

这种看起来很颠覆的说法，其实也是很"伪"的问题，因为真正意义上的预警是以防范风险为目的，而不是预告马上要发生的危机。就像自然界的地震，客观上一定要发生的事情属于不可计量的风险，是无法预测、无法管理，只能承受的。

所以，预警不是预报。从不确定性原理出发，所有的研究活动都是为了预判未来，以便建立相对确定的预期，并提足未来所需要的准备。所以"预警"这个日常用语，在经济学上却是一个重要的范畴，只是学人们以前并未从不确定性立场来考虑预警的学术含义。

如果预期是对未来收益的预测，那么预警就是对未来风险成本的预计。风险是客观存在的经济现象，只有无人承担的风险才是未来存在的问题，所以在经济学意义上，预测计量除了要计算未来不确定性风险成本总量，还要分析无人承担的风险敞口有多大。

在一般意义上预警是指在灾害或灾难以及其他需要提防的危险发生之前，根据以往总结的规律或观测得到的可能性前兆，向相关部门发出紧急信号，报告危险情况，以避免危害在不知情或准备不足的情况下发生，从而最大程度地减轻危害所造成的损失的行为。

预警要提供两个基本信息：一是风险损失的总量是否超过了经济主体的承受能力；二是在全部的风险敞口中，有多少被隐形而实际上无人承担。

显然，预警是经济研究活动的基本功能。预警不仅是一种技术，也是一种思维方式，即任何事物的未来都处于不确定性的波动曲线中，在经济上都呈现两侧的价值特点，一方面是风险收益，另一方面是风险成本，犹如硬币的两面。经济管理和国家治理都应有这样的思维习惯。

二、预警是趋势判断

无论灰犀牛还是黑天鹅，都是经济不确定性的表达和风险成本的体现，预警的本质是不可承受或无人承担的成本需要事先防范或提足拨备。

预警是对"明斯基时刻"的防范，而不是预知预告，真正危机来临时，便证明了预警的失败，宣告了危机处理机制的启动。所有的黑天鹅背后都是灰犀牛，灰犀牛背后是事物的趋势，趋势背后是战略，战略背后是偏好。

预警所依据的是对未来波动的计量。我们知道,数据表示的是过去,而预警表达的是未来。预警就是数据对未来表达的一种方式。预警的经济研究,就是依据经济及相关数据,建立理论逻辑,明确要解决的问题,通过计量模型表达逻辑要求,通过计量过程挖掘数据中所包含的未来信息,从而预判事物未来可能的趋势。

大体可以用图1所示的曲线表示:

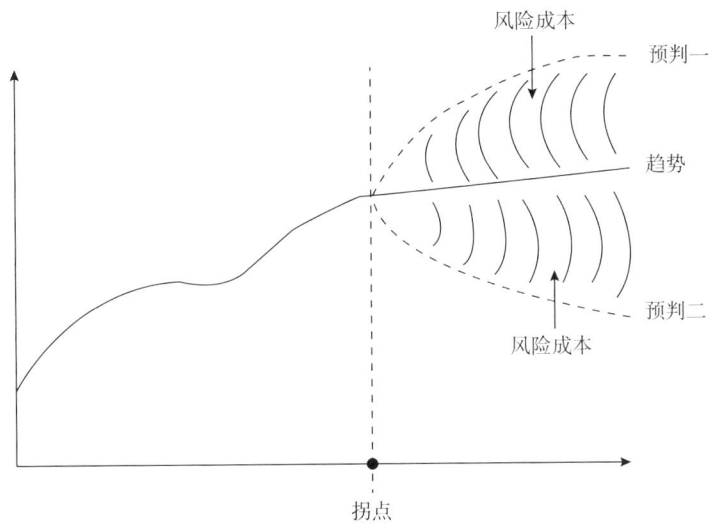

图1 预警的逻辑图

上图1表明,任何预判趋势(虚线)与实际状况(实线)的差异(斑纹区间),就是误判可能带来的风险成本。所以,预警研究是非常严肃的经济研究。

三、预警的发现和表达

预警的表达方式有两种:一是情景描述,即发生某类现象和某种趋势的先兆性表征；二是通过计量找到事物发展过程渐变到突变的拐点。

发现预警情景可以从统计分析中获得，但预警情景的设计却更为复杂。例如"明斯基时刻"的出现，在不同的国度和区域可能具体的表征并不相同。那么对于一国经济来说，"明斯基时刻"的定义应该如何刻画仍然需要寻找逻辑的拐点，在拐点所表达的趋势上设计这一趋势的特征，当现实情况符合这些特征时，则表明未来是安全的还是危险的，是平稳的还是波动的。仅仅停留在统计分析上，极易造成误判。例如，短期的好（收益）一定是长期的不妥（风险），这是笔者所发现的一个定律。所以在统计数据中显示的收益与好，在逻辑数据分析中却可能是风险与不好。可见预警情景的设计是复杂研究成果的转化，不容忽视。

拐点则需要理论逻辑基础上的建模及算法分析。拐点立足于一个经济学与社会学的常识：所有的事物都有促进和阻止社会发展的两方面作用，并取决于程度。

拐点是一种客观存在的现象，但依赖于认知。存在的东西并不一定能发现或找到，这需要深刻的认知能力和为此而创造的方法与工具的运用。缺乏认知，拐点毫无意义。所以，经济学的拐点研究必须依据纯经济理论研究，以获得认知前提，也依据心理学、行为科学、计量经济学的成果，以期引为工具。

从经济学、社会学、行为学等各种学科中获得某种认知，并提出疑问，然后采集相关数据，以认知为要求排列这些数据，建立某种理论逻辑，形成算法，建立数学模型，计量寻找拐点，并进行试验性的数据、模型与实务的测试，最后形成一个理论上的拐点，用以总结过去，判断现在，预测未来。这大概就是寻找拐点的一个过程。发现拐点并不容易，但发现的价值是无以计量的。

所谓预警就是建立在拐点发现基础上的谨慎与专业的公开表达。

四、预警发布的约束

经济研究的学术成果可能就是对未来不确定性或波动的预判,也可能产生对社会运行状况负面问题或重大风险的预告。

预警当然应该成为一种社会良性机制。各个领域的研究都有预警负面状况的责任,但如何发布,在什么时点发布,多大人群范围,什么区域内发布,却是应该受到约束的。这种约束有法律的、道德的、人文的、伦理的、心理的,等等。

在经济学的实证研究中,拐点研究是纯粹的学术活动,但对未来重大风险预判的发表就不仅仅是一个学术表达,涉及对大众行为的引导和行政治理资源的运用,重大问题应该有必要的行政程序约束和研究者的职业伦理约束。

(本文写于 2019 年 1 月 3 日)

蒙格斯拐点及其学理

蒙格斯智库致力于社会经济拐点研究，已经颇有一些影响。那么蒙格斯拐点与传统经济学拐点有何异同？其学理基础何在？本文力图专门讨论，厘清思路。

世界上不存在非此即彼的事情，都是一个过程，世界上也不存在是非分明的事情，同一件事不同的阶段意义不同。事物的未来总是处于不确定性状态并充满转折即拐点。经济学家的任务是寻找各种事物发展规律的拐点，从而预测未来。

一、拐点的哲学基础

拐点的哲学出发点是认为事物内部的发生发展都存在量变到质变、渐变到突变的过程，因此描述的是一个事物发展的过程，是连续性和阶段性的统一，拐点就是不同阶段质变的分界点。如从"灰犀牛"到"黑天鹅"的过程中，存在许多发展阶段，也存在许多量变到质变的拐点，找到这些拐点就能防范"黑天鹅"事件发生。因此，马克思主义哲学的辩证法原理是拐点研究的哲学基础。

事物的两面性是拐点研究的思维方式。在哲学上，事物的两面性是指事物的发展变化是由矛盾运动造成的，矛盾是指事物自身所包含的既相互排斥又相互依存、既对立又统一的关系。任何事物都是作为矛盾统一体而存在的，矛盾是事物发展的源泉和动力。这也是马克思主义哲学的重要原理。世界上的任何一种事物都有它的两面性，不存在绝对的是，也不存在绝对的非。所以我们看任何事情都要避免以偏概全，被事物的表面现象所迷惑。

世界的本质是不确定性的，这是拐点研究的基础认识论。从不确定性出发，所有事物的发生发展都是波动的，包含无穷的变量。所以拐点是事物发展中的客观存在。拐点不是终点，是一个客观存在的均衡点或者不均衡点。不足则不优，过则不及。在经济学意义上，拐点研究能够揭示经济现象的本质、区分经济的不同发展阶段，为现状判断提供基础和为未来趋势提供参考。

拐点是一种客观存在的现象，但寻找到拐点却依赖于认知。存在的东西并不一定能发现或找到，这需要深刻的认知能力和为此而创造的方法与工具的运用。缺乏认知，拐点毫无意义。认知明确，指向清晰，则发现拐点的无限价值。

拐点研究有其独特的研究观察、收集资讯、提出疑问然后解决问题的方法和技术流程，在实际研究拐点的过程中形成了特有的方法论。

拐点研究是针对现实，整合工具的综合预判研究。可以概括为：从哲学、经济学、社会学、行为学等各种学科中获得某种认知，并提出疑问，然后采集相关数据，以认知为要求排列这些数据，建立某种理论逻辑，形成算法，建立数学回归模型，计量寻找拐点，并进行试验性的数据、模型与实务的测试，最后形成一个理论上的拐点，用以总结过去，判断现在，预测未来。这大概就是一个寻找拐点的过程。因此，拐点研究的本质是一种预判研究。

拐点包含了均衡，包含了收益与风险、确定与不确定、行为与心理，也包含着过去与现在、现在与未来、现状与趋势等一系列哲学、经济学范畴，是思想大树上的一枝细叶。

总之，拐点研究和观察经济，需要从哲学中获得认识世界的立场，从经济学理论中寻找方法论，从计量经济学中寻找适用的工具；并且要具备打通理论与实务的逻辑能力，从经济实际中确立观察的角度，以数据为研究资源，以拐点为研究对象，从而总结过去、定位当前、预测未来。更重要的是，拐点研究的价值取向在于找到好与坏、优与次、进与退、多与寡、大与小等界限及合理差异、黄金比例、合适规模等阈值区间，为判断过去、预警未来、厘清趋势提供理论与实务的指导。

二、拐点的经济学含义

蒙格斯拐点与一般经济学中的抛物状曲线中的顶点或低点不同，它是一个事物发展曲线中任意一点，我们要寻找的是其中有着重要状态意义的一个点。可能是最优点，也可能是最差点。所以，拐点研究也是经济学研究的一种新思维和新方法。

拐点依靠以经济学为基础的理论认知和其他理论如行为科学、法学、社会学等构成理论逻辑，作为建模计算的思想基础。

之所以说蒙格斯拐点不同于传统的经济学上的拐点（抛物线的顶点或低点），是因为虽然蒙格斯拐点从求解方法上也存在抛物线的顶点或低点，但它往往是几个抛物线的转折点，表达了事物变化的边界和趋势，能称为拐点的在整个曲线上并一定是最大值或是最小值。与"刘易斯拐点"的最重要区别是蒙格斯拐点不一定要求新古典意义的均衡点，而是更关注某一个点或阈值的边界性，即发生质变的可能性或收益与风险的关系。

拐点研究是经济现象的预判研究，通过观察不难发现，有大量的经济现象可以通过计算找到其发展阶段变化的"拐点"，从而指导市场和市场策略的方向。如系统性风险是怎样发生量变从分散走向集中的？整个经济体或某个经济部门或行业在债务上的扩张对其发展有利的边界在哪里？贫富差距的安全阈值是多少？等等。

拐点计量依据计量经济学的原理方法，依据理论逻辑形成函数关系并建立模型，据以计量。所以，拐点可以看作是一种经济现象，规律性经济现象。拐点研究是实证性寻找或发现某些拐点，用以解释过去的经济现象，预判未来的经济发展趋势。

经济学中比较有名的拐点是关于劳动力供给的"刘易斯拐点"、关于收入分配差距的"库兹涅茨拐点"和关于经济危机的"明斯基时刻"。这些拐点都是在曲线中寻找数学的顶端或低端。

而蒙格斯拐点不仅仅是数学上的顶端点或底端点，而是一个阶段状况的综合产物，既是数据的变化，也是状态的判断。当我们说某一个点是拐点时，是指一个复杂判断下的状态表达。

拐点不是全部却携带了全部，是复杂问题的简单化处理，宏观趋势的微观观察。搞清楚拐点的意义和它前后的趋势，整个经济学研究才有清楚的框架和标准，在指导经济实务上也更有意义。

所以，蒙格斯拐点研究是实证经济研究的延伸和拓展，必须依据纯经济理论研究，了解经济实务的现实矛盾与冲突，以获得认知前提，也依据心理学、行为科学、计量经济学的成果，以期引为工具。

现代经济就是心理行为博弈的产物。拐点的分析具有博弈特点，也是行为的引领符号。

经济学中的均衡理论在拐点研究中得到充分运用。拐点不是终点，是一个客观存在的均衡点或者非均衡点。

三、拐点与风险成本

拐点的出发点是认为事物都存在量变到质变、渐变到突变的过程，因此描述的是一个事物发展的过程，在过程中观察变化。

寻找事物拐点的过程总是在计量收益与风险之间的关系，确定一个最佳状态的拐点，过了拐点，风险成本会越来越大于风险收益，事情的性质就发生了变化，这是蒙格斯拐点所表达的主要含义。所以拐点就是对未来不确定性的展望和风险预警。拐点研究就是对事物不确定性的特殊形式的研究，既是一个深刻的经济学问题，也是一个社会学问题，同时也是对未来风险成本的预测。

拐点可以用一个函数关系式来表达，任何一个拐点模型中损失概率或违约概率、负面情景发生的概率都是重要的变量。尽管到目前为止在我们的拐点研究的实际求解过程中没有用到损失概率变量，主要是测算边际收益与边际成本的均衡点即拐点，超过拐点边际收益开始小于或大于边际成本。但从理论上看，仅仅计算边际收益与边际成本的关系仍不能完整体现不确定性的风险特征，所以在未来的研究中，如何在拐点的建模计算中加入损失概率变量，以体现未来趋势中的风险成本，是一个需要认真完善的问题。

拐点理论总是认为事物进展既有收益的一面也有损耗的一面，许多因素有正面作用也有负面作用，拐点要研究事物中的正面因素与负面因素的关系，短期的好（收益）一定是长期的不妥（风险），这是一个定律，也是一个陷阱。统计分析容易落入这个陷阱，而拐点分析要考量未来的风险成本，有利于规避这个陷阱。

四、拐点与悖论及解悖

博弈论中的悖论是一个值得研究的经济学和风险原理问题。产生悖论的根本原因是把传统逻辑形式化，把形式逻辑普适性、绝对化，即把形式逻辑当作思维方式，形式逻辑思维方式发现不了、解释不了、解决不了的逻辑错误就是所谓悖论。所谓解悖就是发现、纠正悖论中的逻辑错误。

拐点研究发现，许多事物客观上处于形式逻辑相悖的状态，需要辩证逻辑的解释，而这种解释就要求具备某种特定的事实基础。如完全没有贫富差异的社会是缺乏动力的，如"大锅饭"分配制度，但差异太大时会带来破坏力,这看起来是个悖论,但如果差异处于合理状态区域,那这个悖论就解悖了。

事物发展过程常常是一个两面相悖的矛盾体,社会治理需要找到相悖因素之间的平衡点,即期待的正面作用和可承受的负面作用大体均衡的区域。这与经济学的均衡理论相通,寻求均衡也常常是一个悖论的解悖。

在悖论状态中寻找拐点就是解悖,就是找到某个均衡能够有效维持正负面作用均衡的点或阈值。

所以拐点是经济现象中两难问题的均衡点,也是悖论情景下的解悖点。

五、拐点与数据

拐点研究对数据的运用与一般统计分析对数据的运用有很大差异。统计分析利用正态分布函数,而拐点研究主要运用回归函数。

许多经济学家、社会学家在研究观察社会问题时大部分还是依据一些数据和个例印象对全球社会现象做出解释和判断预测,其实这中间仍然缺少了一个逻辑中介,即算法或模型。即使是很好的学者,缺了这个逻辑中介就很难触及真相。拐点研究正是借助这一逻辑中介才能进行,所以是寻找真相的很好的方法。当依靠统计分析发现"黑天鹅"的魅影时风险已经来临。

所有的拐点都是数据现象,依据与理论逻辑和模型相关的数据库的支撑。拐点研究中所确定的各种拐点,就是依据现有数据所包含的未来趋势,对未来的不确定性进行计量的结果,本质上也是一种风险研究。

所谓算法与模型的逻辑,是指不能简单地运用数据进行分析,得出结论,而是要把数据在认知基础上进行结构排列,使之符合某种算法逻辑和按这种逻辑建立的数学模型,并按此计算得到某种结论。如对风险的计量,就是从行业、金融的各种数据里找到违约数据、损失数据,并按不确定性原理建立模型，计算出未来可能的损失数额，即风险成本。拐点的研究与计算大致相同。

拐点计量依据计量经济学的原理方法，依据理论逻辑形成函数关系并建立模型，据以计量。

未来拐点计量趋于工具化，即建立在数据基础上的网络化、模型化、智能化。

所以，从数据到拐点，是各种拐点研究的必由之路。

结论

总体来看，拐点提供了一种思维方式，所有的问题都可以通过寻找拐点得到直接或间接的答案。拐点的寻找是各种经济理论、计量方法、社会学理论、建模方法等知识的综合运用，同时也是给予这些理论方法生命活力的伟大运用。

（本文写于2019年1月10日）

蒙格斯均衡与算法

人类处理同社会与自然的关系时会遇到许多特定的问题,希望得到最优的解决方案。微观的如旅游路线选择、买房选择、体育项目取舍、过海关时排哪个队伍最快,等等,宏观的如合适的经济速度、合理的城市规模、适当的人群数量、最优的负债总额,等等。任何事物客观上都存在一个相对最优选择的均衡点,但要找到这个点却并不容易,这需要充满智慧的逻辑和符合这个逻辑的计算方法。

例如一个社会的经济总量中,虚拟经济和实体经济都是不可或缺的,但受过经济学训练和从事经济工作的人都会相信一个逻辑,那就是它们之间肯定存在一个合理的比例关系。如果设计出符合经济规律的计算方法,或许就能找到这个最优点。蒙格斯拐点研究团队建模计量的结果是 16.7∶1。

《算法之美》这本书是美国学者布莱恩·克里斯汀和汤姆·格里菲思的有趣之作。书中指出,将算法与人类生活相提并论似乎是一件奇怪的事。在很多人看来,"算法"这个词意味着神秘莫测的谋划和操作,与大数据、大政府、大企业密切相关,并正在逐渐成为现代社会基础架构中越来越重要的部分。

其实算法就是解决问题的一系列步骤,其含义远不限于计算机,在此之前,人类早就将算法运用到生活中去了。更进一步讲,算法也不限于数学,办事的步骤与流程也是算法,步骤背后隐含着办事效率的逻辑。

蒙格斯拐点就是观察社会现象，提出最优处理方案的某种逻辑和相应算法的结果。蒙格斯拐点的逻辑起点是，任何事物都是不确定的起伏波动的过程，在所有的不确定性事物中，除了无法计量的不确定性事物外，其他可计量的风险波动则是可以通过采集数据进行测算并据之管理的。既然有波动，那就存在某种收益与风险成本的均衡点即最优状态，而实际状况与这个最优点之间的距离就是我们要解决的问题。这种问题要么是收益太高而风险成本未能充分显现，实际状况在拐点的左边；要么是风险成本抵消了收益或远大于收益，实际状况在拐点的右边。因此，除了收益性数据外，约束性负面数据也应成为计算模型中的重要变量。由于引进了波动的负面结果即风险成本概念，就使得拐点成为一个悖论的均衡点，不足则不达，过则不优。所谓蒙格斯逻辑，就是从现实问题出发假定某种状态下可能存在的最优最差或某些状态的边界，以及寻找这些点的出发点和目标路径、基本方法。

蒙格斯拐点逻辑的理论优势或者特色是不仅关注未来的增长，而且关注未来的风险成本。首次将风险计量的原理运用到经济理论上，在全球现代社会越来越进入风险社会的今天，这是一次理论逾越，使得人们判断经济社会现状和预判未来趋势时，更加接近事实的真相。经济学上的均衡包括一般均衡和决策均衡，前者是一定条件下资源配置均衡，后者通过更加直接有效地研究人的行为方式和人与人之间的相互关系，从根本上解决利益均衡的实质问题。然而，利益背后一定隐藏着风险，蒙格斯拐点不局限于以上两种均衡，更开创性地将风险概念纳入经济学一般分析框架，试图寻找第三种均衡——发展与风险均衡。

长期以来，经济学自身陷入了争执的困境，每一个学派有意或无意地强调自己的正确性。其实在思想方法方面条条大道通罗马，很难有绝对的正确，环境条件是不确定性的，结论也会变化。但人类总会通过某些维度感受到理论对社会进步的帮助。蒙格斯拐点企图把实际感受即好与坏、优与劣的感受用于衡量社会某方面事物的状态,通过算法,让数据说话,从而起到定分止争的作用。

在某种意义上,拐点研究可以创造或完善某种经济理论,也可以终结某种理论,如关于市场作用与政策作用孰优孰劣的张维迎与林毅夫的争议,在拐点实证研究的逻辑中,这一争端根本毫无意义。因为数据和算法表达的事实可以化解争议。正所谓实践是检验真理的唯一标准。

拐点的价值更多地体现在具有悖论性质的事物上。

从表面上看,纳什均衡总是存在于两个玩家的游戏中,通过寻找均衡,直接进入最佳策略,而纳什均衡的算法所寻找的博弈均衡点就是我们的拐点,也是某种悖论的解悖点。从形式上拐点是依托于一段曲线存在的,这个曲线既可能是向上凸起的(倒 U 型),也有可能是向下凹出的(正 U 型)。在凸起的最高点或者凹下的最低点就是曲线的拐点。拐点的存在就意味着在这个最低点或者最高点的附近,曲线的向上或者向下的趋势发生了变动。

在数学上,拐点的存在可以借用一个简单的二次函数来解释:$y = ax^2 + bx + c$。当 $a>0$,这对应着向下凹出的曲线;当 $a<0$,这对应着向上凸起的曲线。无论是哪一类型的曲线,$-b/2a$ 都是其拐点的取值处。

在经济学含义上,拐点与经济现象的边际效用是分不开的。边际效用递增,同时存在着效用的最低点,意味着经济现象总体上是存在着先下降后上升的趋势;边际效用递减,同时存在着效用的最高点,意味着经济现象总体上是存在着先上升后下降的趋势。效用的最高点或者最低点就是拐点。

现代经济现象和事物的发展多呈现为非线性运动。蒙格斯拐点主要是研究非线性运行曲线上的转折时刻,反映了事物的不确定性本质和风险波动规律,每一个点都包含了事物正面与负面、收益与成本、好处与坏处等之间函数关系的均衡状态,不同的点均衡状态不同,收益与风险的关系不同：当收益高于风险成本处于曲线高点时，事物处于良性发展阶段；当风险成本与收益持平时，形成拐点，表示事物发展开始走向负面；当风险成本越来越高时，事物发展就越来越走向负面。可以选择合适的点预警，提示构成上述曲线的函数中的某些变量需要得到改变，也就是实际事物的某种结构、战略、投资等需要调整。

蒙格斯拐点作为一种预警信号，其算法也别有特点，可以分为以下几种类型：

一是寻找最优点。在这一类型的拐点中，在事物的起步阶段，我们所要观测的经济对象往往处于弱小阶段。随着时间的推移或是经济活动的推进，该对象会经历逐步成长壮大的过程，直至到达某一顶峰。这一顶峰也就是我们所要寻找的最优点。在顶峰之后，该对象通常会逐步走下坡路。典型的最优点常常出现在企业的成长、技术的演进等经济活动中。

二是寻找最差点。在这一类型的拐点中，在事物的起步阶段，我们所要观测的经济对象往往已经处于比较强大的阶段。随着时间的推移或是经济活动的推进，该对象会呈现逐步削弱的过程，直至到达某一低谷。这一低谷也就是我们所要寻找的最差点。在低谷之后，该对象通常会逐步向上发展。最差点的例子相对最优点来说比较少见，往往出现在一些相对短期的时间阶段内，比如单位时间内的工作效率。

三是寻找事物从量变到质变的不同性质的边界。边界的实质也是拐点，不过它不仅仅是寻找最优点或者最差点。边界意味着在边界的两端经济对象的性质发生了本质的变化，也许变好，也许变坏。

可见，蒙格斯拐点有几个基本的假设，也即拐点的理论前提：

一是事物发展轨迹是非线性曲线，且在分布上是收敛的，是不确定性的波动曲线。既然是波动的且收敛的，就一定存在优劣好坏的拐点。

二是事物发展存在悖论关系。某些因素的变化会带来整个事物性质的变化。如贫富差距与社会动力的关系。一个社会没有差异便会失去动力，但差异太大则会带来破坏力，关键在于达成合适的均衡。

三是存在可计量可管理的波动成本即风险成本。

四是事物数据的采集具有持续性和公共资源分享渠道。

符合上述条件的社会现象，都可以找到其某一阶段的发展拐点，用以评价现状，预判趋势，确定战略。

拐点的算法可以归纳为：

首先通过定性分析来发现影响某一社会发展或经济问题的可能因素，界定这些因素之间相互影响的逻辑关系，并尝试建立函数关系来表达这种逻辑关系。然后确定并定义函数中多个变量对自变量的影响程度，确定多变量的潜在状态和联合概率。所以函数关系就需要反复测试、检验、推敲、修改，如果函数关系成立，而且这个函数是收敛函数，那么就存在某种极限值即边界。因为蒙格斯所关注问题的设定条件都是在比较事物真实状况与最佳区域的距离，存在数列的收敛特征。这样就具有了计算这一类经济问题的能力，就产生了某种拐点函数，即计算某个函数的偏微分的方法。这时拐点的定量发现在数据充分的条件下，计量上就是很简单的事情。只要提出需求就可以知道存不存在拐点，拐点在什么位置。

寻找最优点和最差点的算法在本质上是一样的。我们首先需要对经济现象之间的关系进行理论构建，形成可供进一步理论推导和数据处理的模型。常见的模型有二次函数、对数函数、指数函数等。第二步，在形成了模型后，需要就模型所涉及的要素寻找可观测的数据。对于宏观经济模型来说，一般涉及区域或者国家层面的经济数据，对于微观的企业模型，一般会使用企业层面的公开数据。第三步是使用常见的统计方法对数据进行处理，根据处理结果发掘可能存在的最优点或者最差点。

数据表示的是过去，而数据通过符合逻辑的算法，则可表达未来。由于蒙格斯拐点本质上是对未来风险的趋势预警，所以主要是研究寻找预警作用明显的拐点函数。

总而言之，蒙格斯拐点是在现实客观经济数据基础上，预测未来经济波动的有益尝试。与现有大部分研究范式不同，我们探索寻找一定时期内经济周期性波动的拐点因素，这些系统性分析将为未来政策制定提供参考。事实上世上万事万物都是一场多方博弈，需要实现甚至比石头剪刀布更复杂的博弈均衡。蒙格斯拐点研究所寻找的就是这样的多变量函数中的均衡点。

因此，蒙格斯拐点研究的学术价值，最终体现在成功建立某些条件下某些领域问题的观察函数，并按此函数确定的数据关系建立某一拐点模型，并计算出具体拐点。这样的拐点函数越多，观察社会经济发展趋势的能力就越强。

我们相信，上述蒙格斯拐点的算法构思可以适用于全球任何一个经济体。

（本文写于 2019 年 3 月 27 日）

错误是如何发生的？

一、错误

没有人在事先知道自己的行为是错的，事后的结果证实了才知道。人非圣贤孰能无过，即使所谓圣贤也难免犯错。曾子曰"吾日三省"，何况常人？

那么错误是如何发生的呢？

首先这是一个哲学问题，所有的哲学都是人性的某一侧面的描述，离开人性，没有哲学。所以讨论错误是如何发生的就需要寻根溯源地叩问人性某一侧面的软肋。

这也是一个经济行为学的问题。每个人做任何事都有某种行为范式，背后是对经济收益与成本的衡量。

错误在字面上大约有三重意思：①不正确、与客观实际不符合。这当然是指事物的结果。②不正确的事物、行为等。这应该是指事物的过程和结果、行为同社会规范相悖。③错过、耽误。错过了正确而有益的事情，丢失了机会。

判断错误的标准无非三条：结果不符合预期，过程或行为不符合社会规则，错失了大多数人认同的良机。在这样的定义下，错误到底是如何产生的却值得推敲：预期是否合理而成为定义错误的客观标尺？社会规则制定得是否合理？所谓的良机是不是塞翁失马？

显然，错误的含义尚需更深入地挖掘。

错误在本质上是根据结果而对行为的主观划分。错误是相对于正确而言，而所谓正确只是一种主观标准下的评价。所以从根本上讲，世界上并没有所谓错误，只有社会共识基础上对某些行为的排斥。人们把这些行为及其结果称为错误。在某种意义上说，错误是强者对弱者强加的评价标准的产物，尤其是公权对大众。

二、相对错误和绝对错误

在生活经验中，当我们谈论错误时，总是在具体环境与前提条件下的，如开车走错了路是以目的地为条件的，但条条道路通罗马，把条件修改一下，错误的性质或程度也就变了。这类错误是相对的。但如果开车翻到桥下面了，这便是绝对的错误。因为政治观念和意识形态差异而被权力冠以错误的情况，由于同样带来实际损害，所以也作为相对错误的特殊类型进行研究。相对错误同犯错成本有关，而绝对错误主要同心理及行为特征有关。

相对错误的原因可以列出如下一些：

因为犯错的成本不高，不足以引起重视，注意力集中程度不够。从经济角度看，任何行为，最终是收益与损失（即成本）之比决定好坏对错的。对于可能产生不良影响的行为，社会罚则规定的处罚程度与某种行为的收益性严重不对称时，这种行为便会泛滥。例如，某人的车牌被小偷偷了，让他花三百元赎回。那么他怎么处理呢？报警的话，警方受理但不会办理，因为调查的费用很大；补办车牌，手续复杂费时费力，而且收费远大于三百元。所以就事论事而言，赎回是最优选择。这样一来这类偷窃行为就无法杜绝。

风险承担不足。在社会行为的基础特征里，不真实承担风险就无法做出对风险负责的决策。例如，任何经济调整都是旧结构的风险释放，结构调整是以风险承担为代价的。没有承担的机制就无法实现调整成本的分摊与消化，调整也是无法真正成功的。所以不承担风险的行为就是失去利益约束的行为，常常会大量发生。风险承担不足或不对称，是大部分不负责任的错误行为的根源，生存的现实选择。在严酷的政治环境下苟且地活下来，如德国纳粹时期，后来者对苟活者鄙视不已，但这都是看似高深实际幼稚之论。须知没有人活着时就以历史的标准去生活，都是以生命的本真活着或死去，都是在具体估计生存成本后的利己选择，没有人可以例外，所谓历史评价只是后人站着说话不腰疼的观察罢了，况且，历史永无真相，许多细节大都是后人臆想并塑造出来的。所以当我们指责前人的错误时，大多已经采取了一个错误的立场，毫无意义。

信息不对称。如对事物的本质不了解，对事实也不清楚，对整体状况不掌握，信息不准确不完整，数据碎片化，等等。大部分人在信息充分发挥的条件下对于与自己有关的事情都能做出正确的选择，但信息不对称现象却难以克服，所以错误常常如影随形，不可避免。

社会行为规则的偏见与偏差造成的错误形成了社会运行的沉默成本。规则偏差条件下，故意构陷也会使人犯错。循旧例却可能办错了事。这样的成本由社会共同承担了，所以纠正起来困难重重。

绝对错误的原因也可以列出一些：

任由错误发生。面对大灾大难，多数人持防御性决策姿态，明哲保身，失去最佳选择的机会。这种情况下发生绝对错误的概率就很大。

例如，1941年12月7日，日军偷袭珍珠港。日本社会集体失明失声，放任军国主义者在天皇鼓励下肆意妄为，把整个国家和人民拖入战争。当时的日本政客真是一群疯子？堀（音同窟）田江理所著《日本大败局》通过对偷袭珍珠港决策过程的勾勒，展现出理性是如何被吞没的——每个人都是明白人，可谁也不敢说不，都指望别人出头、自己附和，最终酿成集体灾难。事实证明，决策失误不仅是最高决策人的问题，更是决策机制的问题，当高层利益与底层利益分离时，疯狂蠢行在所难免。

强烈的利益诱导。如产品质量，没有生产者故意生产伤害消费者的产品，但当他赚不到目标利润时就会逐步压缩成本，直到产品伤害到别人。

严重的信息不对称。如驾驶人员根本不了解路况而导致翻车。另一种具有强烈心理特征的错误源于比较环境下的模仿。别人受益了，他就去尝试，但条件不同，便走向错误。所以错误过程常常是心理活动的过程。由于心理因素导致对客观标准的超越。如投资失误损失超过风险承受能力。或者对或然性估计不足即侥幸心理下，对事物发生的概率计算不准，都是绝对错误的根源。

三、错误的管理

从风险原理出发，错误不可避免，只能减少，无法消灭。人不可能不犯错误，只可能少犯错误。那些喜欢对属下犯错之后进行批评教育的管理者，其实犯错的可能性一点也不比别人小。

但错误可以管理。

所有错误的根本原因是不确定性，所有人都在认识正确的前提下做一件事，事后却证明错了。这不是认知的问题，而是某些条件变化了，情景变换了，所以错了。泰坦尼克号沉没就是如此。

如果收集到足够的错误事件原因数据，以及这类错误的实际损失和成本，确定它们之间的相关性，能够得到一个函数关系，并借以计算相对错误的标准偏差，就可以了解这些社会规则与人的正常行为之间的差异，从而校正这些社会规则，减少犯错行为。

犯罪是广义上的错误，也分主观故意和客观故意。主观故意属于绝对错误，只能靠减少概率来降低损害和侵犯。而客观故意属于相对错误，可以通过校正行为方式和环境条件来降低发生率。

任何事情都存在一个社会心理账户，对事物的是非和量级有一个固定的预期，行为和结果与这个预期的差异就是错误的程度。那么问题的关键是找到判断各种事物的是非黑白时社会心理账户的标准和计量方法并进行计算，使人们在每一个行为决策时尽量保持与错误的距离。

错误成本同当事者的资源配置能力有关，为了使错误成本控制在某种限度内，当事者的资源能力也须有所限制。所谓集中力量办大事常常就是犯大错的基本条件，所以能调动的资源越多，受到的约束就应该越大。

在相对错误中还可以分为有限错误和无限错误。按照承担后果的有限或者广泛来划分，典型的无限错误就是公权力的错误，承担后果的是社会全体。对无限错误的防范主要是限制公权力的范围和资源总额。

总之，错误的范围无边无际，不可能穷尽讨论并加以控制，其实大多数所谓错误都是不需要管理的，因为损失并不大，或者每个人都像曾子一样自省之后纠正了。但错误一词几乎在生活中无处不在，所以至少我们应该对它有一些清晰的认识。

（本文写于 2019 年 9 月 10 日）

谈判的境界

商务谈判表面上是心理博弈的过程，本质上是利益安排的过程，这个过程的背景有着浓厚的道德伦理选择的色彩。

商务谈判是买卖双方为了促成交易而进行的活动，或是为了解决买卖双方的争端，并取得各自的经济利益的一种方法和手段，是因商品交易条件的日趋复杂而产生和发展起来的。它已经成为现代社会经济生活必不可少的组成部分。可以说，没有商务谈判，经济活动便无法进行，小到生活中的讨价还价，大到企业法人之间的合作、国家与国家之间的经济技术交流，都离不开商务谈判。

商务谈判是企业经营、银行运营中最基础的活动。对于企业家和银行家来说，掌握谈判技巧，运用数据素材，研判心理状态，拿捏攻守分寸，驾驭谈判过程，属于最重要的管理能力和经营能力。

但不能迷信博弈理论下的各种方法，说到底，谈判其实是一个道德立场较量的过程。

谈判当然有技巧，谈判桌上嬉笑怒骂皆文章，谈笑风生皆利益，言谈举止藏玄机。但企业也是人格化的组织，具体的谈判也是在个性鲜明的人之间进行，所以谈判的过程也是双方企业文化、个人修养、战略目标、利益结构、心理素质、道德底线、行为底线的比较和较量。但技巧不是决定谈判成败得失的关键因素，以下几点才是要害：

其一，信息对称。即所谓知己知彼。谈判是博弈过程，信息越充分、越对称，决策越有利于交易。但充分掌握信息不是为了制造信息不对称，从而获得市场额外收益，积累道德风险；或者巧舌如簧，口吐莲花，选择性隐藏或放大信息，甚至利用信息优势设陷诱惑。信息对称是为了促进交易，从而了解并理解对方的利益关键，制定对方能接受的交易方案。

其二，安置好对方的利益。谈判的接触界面应该是友好的、善良的、人性的。人性趋利，此乃天性使然。理解和安置对方的利益是谈判的前提。任何道德化的期望和对人性的挑战都会铩羽而归。理想的结果是交易双方实现双边利益的均衡，找到均衡点，达成均衡协议才是谈判的正道。过于精明的计较、隐匿意图的博弈只能增加交易成本和交易过程的不确定性，从而增加风险成本，对于双方都不利。所有谈判桌上的对手，本质上是一笔交易的合作双方，忽略对方的利益，是谈判方案的最大败笔，因为没有人会同你做对自己来说毫无收益的交易。

其三，创建共同的未来发展空间。今天的交易，未来的希望。所有的合作都是未来的发展空间。谈判过程就是创建这个未来空间的过程。大多数时候，当前的交易与双方未来发展空间相比都不是最重要的。放弃或者抓住当前交易，更大程度取决于未来发展趋势及利益空间。既然双方有未来，就不宜争意气之长短，不宜在意当下之得失。取舍标准自然清晰。

大道至简，大音希声，大智若愚，大象无形。所谓无形并非掩饰，而是淡然坚定地理解对方的处境与利益。谈判是一种交锋，是对获得的直接争取。但成功的诀窍却在于你能为对方提供什么。从理解人性、遵从人性、克服自己的狭隘角度看，在伦理立场上具有驾驭人性的高度，则谈判的最高境界就是安置对方的利益。双赢或多赢才是市场的期望，也是商誉的基础。

（本文写于2019年7月25日）

不确定性：人类会不会灭亡？

人类会不会灭亡，这本是一个哲学命题，但是从风险、经济与法律的角度来看，这个命题其实具有很深的现实意义。我们知道，人类生存了大约500万年。具有文字记录的历史大约5000年，地球上的生物繁多，估计有3000万种，有的出现了，有的灭绝了，此起彼落，唯有人类似乎是这个地球上的胜利者，越来越强大，时至今日已经强大到可以睥睨上帝了。但是地球上有什么力量可以偏爱人类使其独大并能独自生存呢？从不确定性的逻辑出发，笔者认为人类不可能成为地球的主宰，尽管人类发明技术、发现资源的能力超强，但遗憾的是，上帝给予了人类发现（或发明）的能力的同时也给予了人类选择怎么使用发现（或发明）成果的权利，这可能是一个疏忽。例如人类发现了核能，一方面用于发电，另一方面也用于制造核武器，上帝所创造的自然规则，对此没有限制。这就使得人类的发现与发明的成果具有很大的不确定性。这就太危险了，因为发现与发明的成果越多，其不确定性就越大，长久下去，人类被自己制造的风险所毁灭的概率就越积越大。

在经济上，当人类文明习惯于发现与发明从而获得资源、能量、快捷与方便时，污染、资源枯竭、贫富差距、技术危害（如车祸、爆炸、空难、海难以及战争）等各种风险的积累最终会使人类在享受科技工业文明的好处中走向灭亡。由于人类代际时段较长，每一代人从骨子里是只图当前不顾未来的，因此处理好当前与未来的关系就成了一个生死攸关的问题。人类现代工业文明既是财富的创造利器，也是风险的制造平台，如果不能有效约束欲望，欲望不被关在笼子里，掌握利器的人类就是疯狂的野兽。遗憾的是，人类的理性与其发现与创造能力相比远远不及，对后者毫无约束能力。

在人文领域，类似的问题是上帝之手给了人类创造财富的能力，通过差异刺激了人类创造财富的动力，但却没有创造实现财富均衡的规则和路径，而人类在平均财富的过程中搞出了很大的不确定性，有的通过税收平均，而有的通过剥夺实现。在 20 世纪，这两种模式都搞得轰轰烈烈。剥夺所产生的毁灭性足以搞掉人类自身。人性不喜欢差异，差异甚至产生仇恨，一些人会在仇恨的驱使下屠杀剥夺驱赶另一部分人，并在瓜分别人的财富时消灭以前遗留的依附于财富的文化积累，这会破坏人类有效繁衍的智慧传承。

在法律上，人类创造出三种法律形态：第一种是判例法，如英美国家；第二种是成文法，如欧洲大陆；第三种是宗教法，即在信仰主导下的法治，如阿拉伯国家及东方社会。法律制度是人类社会智慧的产物，是人类繁衍生息的规则。但这三种形态各有所长，但也各有致命缺陷。判例法需要民主政治的配合，大陆法需要社会精英的理性，宗教法则需要宗主自身彻底的善意。而这些都是上帝未加明察而人类极不确定的事项。ISIS 的恐怖主义就是一例。

政治上也存在两种模式，即平均权力制约政府与大权独揽权力绝对，即民主政治与极权政治。两者形成人类命运的分水岭。极权的毁灭性不亚于毁灭性武器。遗憾的是绝对权力乃人之所欲，人类个体很难抗拒其诱惑，而集体智慧却是由个体欲望构成的，所以最终人类还是会被极权所毁灭。

利己本来是上帝对人类繁衍的巧妙安排，通过每个人的利己达到整个群体的利他。亚当·斯密称之为无形的手。但利己主义的集中爆发却足以毁灭人类。纳粹、极权、ISIS 等现象的本质就是给了人们高度利益的实现机会和打破规则的快感，刺激了利己主义的集中爆发所形成的人类劫难。尽管历史让人类勉强渡过了这些劫难，但这种灾难发生的不确定性像悬于人类头顶的氢弹，不知道何时炸响。

如何处理人类与地球自然的关系也是对人类的生死考验。人类越来越自大到以为自己是地球的主人，毫无节制地满足自己的好奇心。人类的好奇心是人类创新的动力和进步的源泉，但它对人类生存带来的威胁一点儿不亚于核弹，类似于核弹这样的危险品只不过是人类好奇心的产物。更可怕的是，有的科学家企图炸开地心看个究竟，有的尝试无性繁殖，有的热衷于各种转基因，有的克隆生物，有的试图有选择地控制生育，等等。猫的好奇害死猫，人的好奇害死人。因此人类的好奇心是需要约束的。但这是非常矛盾和几乎不可能的事。上帝在给予人类好奇心的时候，并没有要求用在哪些领域。

上帝赋予了人类许多优于其他生物的制造与发现和发明的能力，却忽略了这些能力会给人类生存带来极大的不确定性，实际上是把人类的命运交给了人类自己。但事实证明人类缺乏管理自己的能力，最终还是会走向灭亡。

这听起来是一个悖论，但却有非常令人担忧的可能。

（本文写于 2016 年 2 月 14 日）

中国金融风险管理十年和未来

如果把2004~2008年银行业、保险业、证券业的股份制改造、跨国经营策略、引入战略投资等金融业的国际化规范及治理结构的定型和2014~2018年金融业惹眼的转型热潮看作一个十年周期，利用这十年间发生的风险事件、体制、工具改造来观察未来经济、金融风险管理的趋势，可以得出一个总体观念上的感慨：人们总是生活在一个具体的历史时代，每个时代都有机会推动、改变历史的走向和时代细节。但任何历史时期都有其局限性，无论财富积聚还是风险积累，人们都须接受这段历史所给予我们的一切。

本文分成四个主要部分：第一部分总结前面十年的经济高速增长时期，我们在风控方面做了什么；第二部分是梳理存在的主要问题；第三部分试图对于未来十年的主要风险隐患做一些预警；第四部分是对于未来十年的金融风险管理做一些建议和提醒。

一、前十年经济高速增长时期

谈到前十年的经济高速增长和金融业的发展，必须指出三个大的历史背景：

背景一：前十年银监会实施高标准、严格的金融监管，甚至比巴塞尔协议Ⅲ的标准还要严格。此举颇有争议，许多人认为准入门槛太高不符合中国实际。我认为前十年中国经济的高速增长和金融业的快速扩张,得益于刘明康主席领导下银监会的从严监管。这十年有效地控制了风险增量、消化了不良存量,确保了银行资产质量总体向好的方向,有效控制了风险敞口。整体来看,过去十余年,以银行业金融机构总资产衡量的银行业规模持续增长,2017年年末已达到252.40万亿元(见图1)。要知道,在资产泡沫化时代及货币宽松背景下,银行做业务不难,难的是控制风险。GDP增长速度越快,监管应该越严格,才会避免大麻烦。

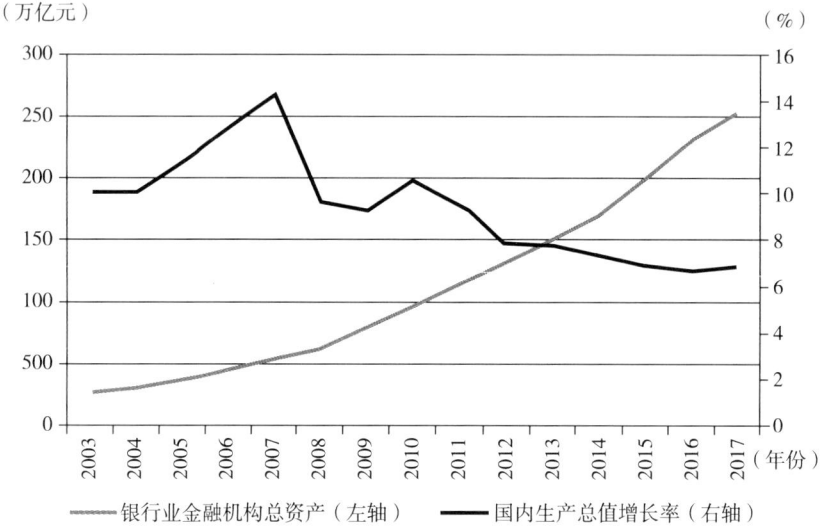

图1 银行业金融机构总资产与GDP增长率走势图

资料来源:中国银监会、国家统计局。

背景二:这十年经济金融的发展吸取了前十年的教训,如1997年爆发的亚洲金融危机,20世纪八九十年代办公司、房地产、炒股热,等等,这些切肤之痛,都让我们深刻反思当时的体制、治理结构、人员素质、内控体系等问题。这些问题得到改善和提升,是前十年风险管理巨大进步的直接原因。

背景三：2009~2010年为应对全球金融风险，在当时应急条件下，投资拉动的方式是正确的选择，没有其他的办法。但此举复制了旧的经济结构，加速消耗了经济发展的红利，如人口红利、环境红利等，强化了政府对市场资源配置的能力，为今天我们面临的局面与风险挑战埋下了伏笔。

在此背景下，我们又做了什么呢？

1. 金融机构特别是银行的公司治理结构发生巨大变化。股东大会、董事会和监事会的建立，实现了银行由国有独资、行长经营责任制到董事会、监事会、管理层相互制衡的转化。国有商业银行在此期间先后完成改制、引资和上市的工作（见表1）。这对金融机构战略决策的理性程度的提升和多种利益立场的平衡是一种影响深远的制度安排。

表1 国有商业银行上市时间表

日期	事件
2005年6月23日	交通银行H股上市
2005年10月27日	中国建设银行H股上市
2006年6月1日	中国银行H股上市
2006年7月5日	中国银行A股上市
2006年10月27日	中国工商银行A+H股上市
2007年9月25日	中国建设银行A股上市
2010年7月15、16日	中国农业银行A+H股上市

2. 货币政策的改变。货币政策由防通胀向促增长转化，虽然M2增长率近期下行至8%的历史低位（见图2），但已保持二十余年的持续增长。

这总体奠定了国民经济发展的基础，解决了流动性问题，为消化社会风险，尤其是金融机构不良资产的历史包袱存量创造了条件。经济的快速发展基本上消化吸收了上万亿的不良资产。

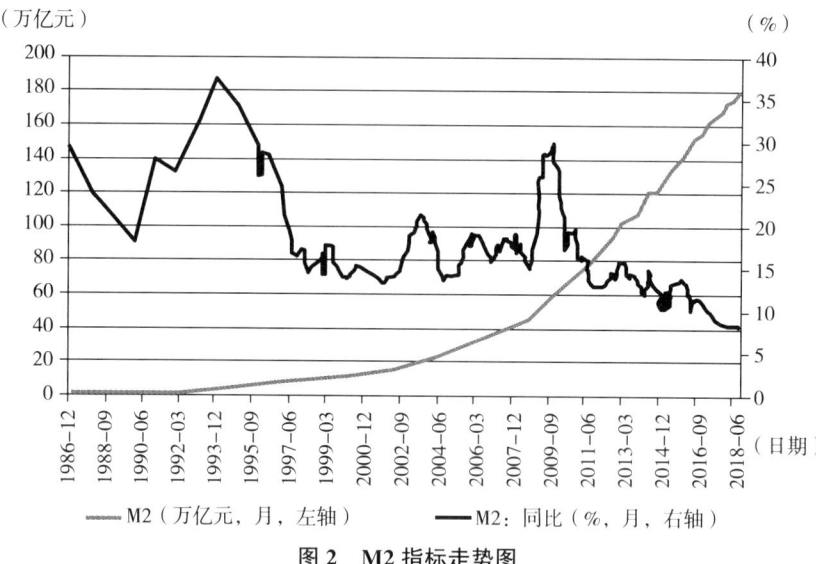

图2 M2指标走势图

资料来源：中国人民银行。

3. 规范了运营流程。金融机构的内控体系得到了可以同国际活跃银行媲美的改变。从以前单纯的案件查处扩展到人财物及信用产品和授信额度的授权、审批、审计、合规审核、责任追究等，初步实现内控体系的规范化。

4. 从巴塞尔协议Ⅱ、Ⅲ到Ⅲ的最终方案，监管部门甚至实施了高于巴塞尔协议Ⅲ的资本监管与风险管理要求，不良资产和不良率连续多年实现"双降"（见表2），以资本充足率等七大监管指标维护了商业银行经营的风险边界和底线，基本守住了快速发展时期的银行经营理性。大的银行都实现了全面风险管理和资本约束下的充分风险拨备。就此而言，我们应当向前十年的金融监管当局及一批真正的银行家致敬。

5. 垂直风险管理体制的形成。从传统的层级经营责任制逐步进步，达到成熟的决策和运行流程的专业化，授信审批的专家化、垂直化，银行的风险经营从传统的行政审批为主变成了避开行政权力的影响而以专业人员审批为主，这是一个巨大的进步。前几年，各家大中型金融机构都建立

表2 15家上市银行不良贷款数据

银行	2017年不良贷款规模（亿元）	2017年不良贷款率（%）	2016年不良贷款规模（亿元）	2016年不良贷款率（%）
中国农业银行	1940.32	1.81	2308.34	2.37
中国工商银行	2209.88	1.55	2118.01	1.62
中国建设银行	1922.91	1.49	1786.90	1.52
中国银行	1584.69	1.45	1414.58	1.46
交通银行	669.02	1.50	624.00	1.52
招商银行	573.93	1.61	611.21	1.87
上海浦东发展银行	685.19	2.14	521.78	1.89
中信银行	536.48	1.68	485.80	1.69
中国民生银行	478.89	1.71	414.35	1.68
兴业银行	386.54	1.59	344.16	1.65
中国光大银行	323.92	1.59	287.02	1.60
平安银行	386.54	1.70	344.16	1.74
华夏银行	245.97	1.76	203.48	1.67
北京银行	133.71	1.24	114.26	1.27
南京银行	33.45	0.86	28.96	0.87

资料来源：各上市银行年报。

了以首席风险官为主的独立的风控体系，尽管这个体系还有反复波动，但方向已经确定，迟疑只能被动。

6. 风控工具的运用。行业结构、拨备制度完善、退出机制、消化能力、过程控制的工具，以及消化不良增长存量控制、增量的质量。

7. 在双降高压下，解决了银行不良资产问题。中国银行业利用了GDP 12%以上的增长和M2平均15%增长的资产泡沫期机遇，化解了长期积累的资产质量问题，实现了当下GDP 7%左右的增长条件下，不良资产只有1%左右的良好状态（见图3）。

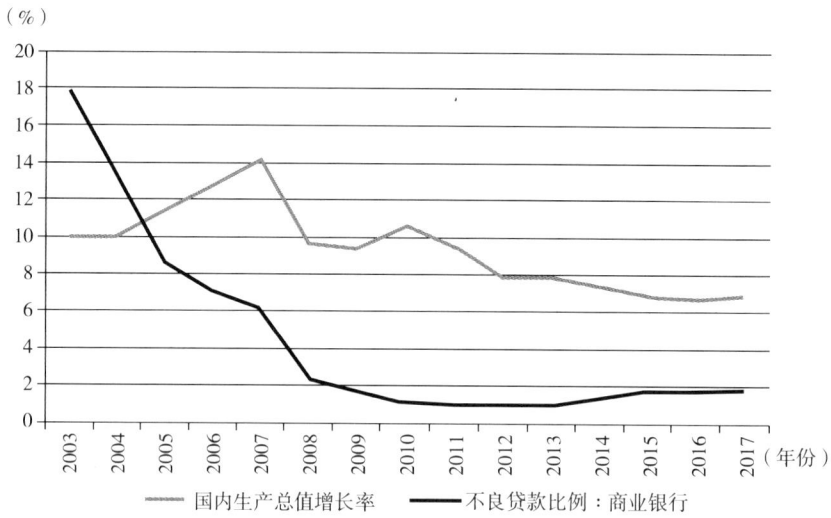

图3 GDP增长率与商业银行不良贷款比例

资料来源：中国银监会、国家统计局。

8. 案件治理发生很大变化。彻底扭转了十年前金融机构刑事案件频发的状态，整个金融体系尤其是银行的刑事案件从每年数百件降到数十件。与此同时，行政处罚案件增多，从2003年的5件上升到2018年的849件，罚没金额从2003年的361.50万元上升到2018年的10.94亿元（见表3），这表明对银行的日常监管趋于严格。

表3 银行行政处罚案件数据

年份	案件发生数量（件）	罚没金额（万元）
2003	5	361.50
2004	142	2146.51
2005	185	1702.71
2006	115	770.75
2007	164	2092.81
2008	139	1370.57
2009	180	2758.42

续表

年份	案件发生数量（件）	罚没金额（万元）
2010	171	2662.09
2011	202	2486.35
2012	138	2340.08
2013	116	1838.65
2014	344	6677.63
2015	1078	35431.50
2016	561	15724.37
2017	3719	298530.18
2018	849	109399.12

资料来源：《蒙格斯调查之三：中国银行业案件调查报告》。

9. 人才国际化进程加快。随着国际战略投资者的引进，聘用了一批国际市场化人才，如证监会聘任的副主席、中国银行聘任的首席风险官、建设银行聘任的风险官助理都是外籍人士。还有一大批海外回国人员担任了金融机构和监管机构的中高层管理者。国际化程度的提升对于风险敞口的控制具有积极作用和长远影响。

10. 金融创新勃然兴起。互联网金融、P2P、众筹、电子银行、证券交易网络化，等等，虽然存在许多问题，但确实打破了旧的金融服务格局，使企业获益良多。这证实了中国金融风险管控上对收益和风险的平衡取得了显著成效。

11. 风险管理观念和话语进入国家治理高层。中共十八届三中全会提出要防范系统性风险，对于爆发系统性风险的担忧已引起国家高层关注，金融风险更是成为热点。

二、存在的主要问题

1. 结构调整与风险承担问题。党的十八大以来经济结构调整大刀阔斧,"三去一补"抓住了要害,尤其是去杠杆,应该说卓有成效,在某种程度上排除了系统性风险的隐患。在经济长期快速发展之后所有的经济调整都是必要的,也是正常的。为什么经过六年经济结构调整和优化,尤其是去杠杆的有效措施之后经济总体状况没有进入良性发展轨道反而更加令人担忧呢?依我观察,这一轮调整过程中有几个认识误区导致了一些调控举措失当,值得反思。

(1) 经济结构调整所释放的风险承担问题。经济结构调整过程中释放的风险不能被消灭,就必须要被不同的经济单位承担。由于政府在经济生活中的主导作用和国有资本的经济地位,政府理应承担经济结构调整所释放的相当大部分风险。然而2018年上半年数据显示,全国一般公共预算收入同比增速达10.6%,大大高于同期全国一般公共预算支出7.8%的增速,这意味着政府部门承担的风险实质上在减少。这就必然导致更多的风险被转嫁到企业和居民部门身上,从而抑制了实体经济活力和居民消费意愿,最终达不到稳定经济增长的目的。

(2) 调控措施时空错配问题。在总的调控目标下,各种经济调控政策和杠杆的运用其实各有各的功能,在时间与空间的搭配上应发挥不同的作用,而不是一哄而起,把调控目标口号化,措施同质化,监管功能在时空上一致发力,结果货币政策与财政政策同时紧缩,信贷市场与资本市场同时从严,中央与地方同时启动去杠杆,使得各种政策与监管措施失去了配套调度和有效协调机制,看起来热热闹闹,各方呼应,实际上已失方寸。

(3) 政策与市场衔接问题。当前政策措施通常存在这样的悖论:企图规范市场行为反而干预了市场。其实质在于政策措施与市场之间缺乏衔接,也缺乏打通政策与市场之间的有效桥梁。监管者希望所有的市场行为能符合自己想象的状态,并且整齐划一,这实际上是不了解市场也不尊重市场的幼稚监管。

(4) 去杠杆与债转股问题。首先是简单风险转移偏差。市场自发的债转股是值得肯定的行为，但行政化、运动化的债转股会摧毁信用体系的根基，鼓动债务违约，造成风险的时点转移，而不能有效消化。去杠杆的本质不是账面的，而是结构的，维持了原结构就没有实现去杠杆的目标。其次是结构偏差。行政化债转股极易向国企和大型银行倾斜，这就造成实际上国企转民企很难、大行转小行很难的失衡局面。需要转的转不了，不需要转的反而转了，总量上实现了目标，结构上却失控了。

(5) 对不确定性的认识问题。中国经济界对不确定性一向缺少正确认识，心理上很向往"有计划"的确定性。而市场的基础却是建立在不确定性规律上的。在目前去杠杆的环境下，释放流动性、决定流动性给谁，是需要非常精准的，这是央行不可能完成的任务，必须依靠市场自身的力量。

2. 存在效率与发展、速度与规模、市场与控制端的矛盾，诸多风控领域需要稳定的制度与机制安排和长期的风险文化积累。但现行金融机构人事制度并不支撑金融机构的长期战略。换一个领导就带来不同的战略，管理水平在不断的建设与重构中重复或倒退，这不符合金融规律。

3. 治理结构的不完善。资本的力量受到行政力量干扰，治理结构形同虚设，行政主导的力量远大于资本。资本权益没有得到完全实现，除了在利润回报上的收益，投资者对于管理、战略、决策的影响很有限。资本多元化的意义本应是在技术、权益、战略决策、风险内控等方面制衡企业管理层，但由于行政力量被放大，从而抵消了资本的权益。纵观近十年，非理性现象的发生更多是来源于行政力量和房地产、乱集资、影子银行、互联网金融、保险资金不受约束的运用，等等。

4. 功利主义抑制了保守主义的发挥。指标管理代替具体措施；控制不良资产导致投放失控，行政力量的干扰导致指标、数据失去真实性；管理层常常是什么指标都要，没有取舍。这导致了经营模式雷同、同质化严重，差异化不够。风险积累高度集中，"庞氏骗局"处处可见。高息吸存掩盖风险、流动性掩饰资产质量不足等深层风险隐患普遍存在。

5. 货币发行不服从于经济现实。超额发行多、量大增速快，导致了泡沫化程度升高。

6. 不公平问题造成了社会风险。伴随科技进步与财富增长的是长期存在的全球性浮躁、喧嚣与各类冲突，说明这个世界的现状存在着某种我们没有意识到的问题和风险源。我认为全球最大的风险源是公平失衡。我们需要做的是：透过评价现行世界经济秩序的后果，衡量财富分享与公平正义之间的支点，既保持一定的差异动力，又不颠覆现有秩序，既能通过差异推动科技文明的进步，通过市场竞争实现财富的积累，又能通过税收和行政管理杠杆保持财富分享的基本公平，把富者与穷者的财富差距稳定在合理范围内。

7. 授权体系不能收放自如。事权、人权、财权不配套，为了抢占市场导致约束不常有效，总而言之，不是一个理性的体系。

8. 互联网金融在失去风险控制的环境下兴起，骤然集聚大量风险。互联网金融的本质是金融，但整体上监管和企业两个层面都缺乏心理和制度的准备，对于数据化、网络化的风险控制工具也没有准备。资本市场规范性较差、内幕操控现象层出不穷。投资元素没有健全，容易引起系统性风险，没有走出"赚快钱"的虚拟经济心理。

9. 不良资产的真实性不足。对比 2017 年全年 GDP 增速 6.9%，商业银行不良贷款率仅为 1.74%，GDP/不良率有可疑之处。根据银行压力测试，通常 1% 的 GDP 增长对应 0.5% 的不良率，GDP 增速降到 7% 左右，银行不良贷款比率在 3.5% 左右更为真实。

10. 金融行业转型的趋势化、结构性存在偏差。主要表现为：保险业银行化（过度融资）、银行业投行化（信贷业务资管化丢失贷后管理、债转股、直接投资）、投行公关化（丢失技术性满足客户）、证券业短期化

（激励过度）、互联网金融中介化（风险承担不清）。同时电商也出现以融资为主的趋势。大量收购，实乃为了再融资的噱头，实际现金流越来越不足。这些都是方向性偏差，可能导致大的风险问题。

11. 案件上升。非法集资案件快速上升，流动性充足但投资渠道不足，平台不规范。

12. 对投资人权益保护不足。风险揭示不全，数据披露不全面，现有法律体系更加倾向于保护机构。

13. 创新偏重于转移风险。创新是为了促进交易，需要承担风险。欺诈、侵害股东权益，股东权益得不到保护，还要承担风险之外的损失。

三、未来十年主要风险预警

1. 两大宏观经济结构性矛盾逐渐呈现，经济基本面的走向估计有待观察。在经济结构调整过程中，第一个矛盾是实体经济和虚拟经济比例失衡。根据我们债务课题研究得出的结论，虚拟经济与实体经济的最优比例为 16.7∶1，截至 2016 年末，我国虚拟经济与实体经济的比例为 23.24∶1，已超过最优比例。

同时，目前，我国的虚拟经济规模已远超实体经济发展的需要，已经对提升全要素生产率产生负面效应。因此，建议提高金融机构和资本市场的准入条件，保证虚拟经济与实体经济发展的步伐协调，避免流动性过多滞留在虚拟经济领域，要精准、高效地将资金引导至实体经济领域。

一要提高金融机构设立条件和资本市场的准入门槛。规范金融市场发展秩序，强化准入标准在产品设计、风险控制、资本约束、从业经验和技术运用等方面的政策要求，必要时可以采用牌照监管方式提高准入条件。二是深刻认识金融创新的实质。要以是否提升服务实体经济效率，降低金融和系统性风险为出发点，回归金融创新的本质要求。对于 P2P、众筹等所谓的通道型、复制型金融创新要及时稳妥治理和规范。三是对于银行业等风险管理较为规范机构，要由业务监管向资本监管转变，进一步强化资本监管，在资本约束下，倒逼和鼓励商业银行优化资产结构，提高资本配置的效率和精细化水平，助推银行机构向低资本消耗的模式转型。

第二个矛盾是储蓄率太高。相比之下，美国储蓄率为5%，而我国为55%。以投资拉动为主的发展红利已经消耗殆尽，如人口红利、环境红利、资源红利，等等。再加上社会保障制度不完善，真正要解决这两个经济矛盾，只能进行实体减税，以消费金融推动发展，消化发展之中的风险。

2. 金融业转型中出现的保险业银行化、银行转型投行化、投行公关化、证券业短期化、互联网金融中介化等趋势化偏差所积累的问题，都难逃经济周期的检验。前十年流动性充裕，社会融资需求量大，各种金融机构围绕融资所产生的金融服务产品，借助自身的业务优势的确能产生短期内的高收益，但这样转型打破了行业的底线，带有明显的短期行为特征，各种机构都把风险转移给别人或者未来，风险敞口越积越大。今后十年，宽松货币政策显然已经开始收窄，退潮之日，风险的礁石将露出水面，必须要小心观察。

3. 系统性风险边界问题。国内一些省市在过去十年都出现过不同程度的局部系统性危机事件，例如温州于2011年爆发的民间借贷危机。系统性风险主要特征有政府或监管机构救助、重要企业倒闭、银行不良贷款率走高、利率波动异常等，并对当地和周边地区经济产生冲击。通过对1998年亚洲金融危机、拉美债务危机、欧洲债务危机、20世纪90年代日本经济大衰退和2008年全球金融危机等案例研究，借助上述几个方面的指标观察，我们构建了系统性模型，测算数据显示2018年综合系统性风险指数为0.394，小于0.459的危险点（见图4中的B点），这说明现在国内省市区域没有出现系统性风险，但是某些省市银行不良贷款率、企业杠杆率、财政收支净额等指标偏高，未来这些指标仍需要严密监测，严加防范系统性风险的发生。

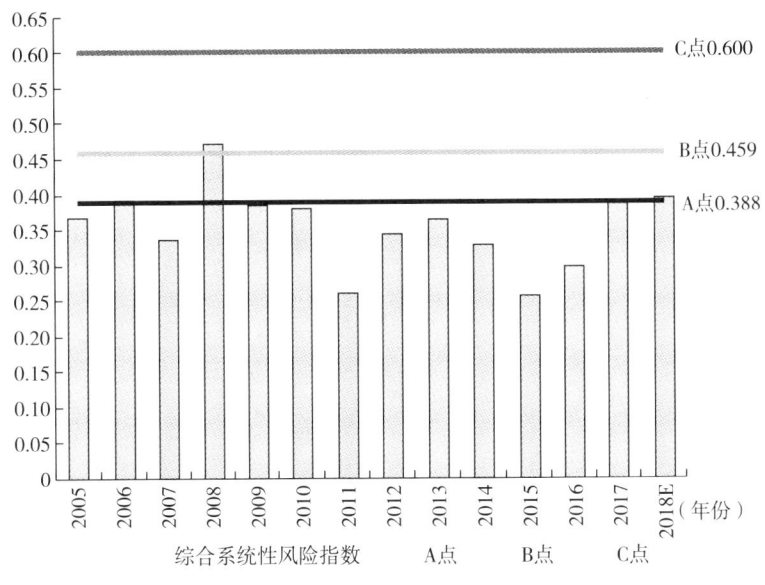

图4 中国系统性风险指数

4. 债务危机。要警惕地方债务危机，流动性从增长到稳定收缩，M2增速处在历史低位。如果流动性陷阱长期存在，则债务危机的出现也须引起关注。中国地方政府债务在2015年已经达到17.18万亿元（当年价格），已经超出了我们测算出的债务拐点14.96万亿元（当年价格）。事实上，数据显示，地方政府债务拐点大概在2014年之前就已经达到了。这表明中国地方政府债务已经进入负面刺激轨道，地方政府债务对于GDP总量的边际影响已经是负面的。地方政府债务的继续上升，将会给GDP带来更显著的负面影响。

我们测算了房地产上下游的债务水平（见表4）。2016年煤炭行业的负债水平已高达3.71万亿元，远远高于通过模型测算的拐点值2.30万亿元。说明煤炭行业的负债存量已经步入较为危险的境地，未来去杠杆空间较大，约为1.41万亿元，接近2009年整年的负债水平（1.40万亿元），去杠杆任务之艰巨，由此可知。2016年，随着去杠杆的推进，钢铁行业负债水平降至4.76万亿元，但仍高于拐点。房地产行业已出现负债拐点，拐点时间为2013年，拐点负债量为31.82万亿元。房地产行业2014年负债为38.40万亿元，高于模型测算的负债拐点量。2016年末房地产行业负债已高达48.98万亿元，未来去杠杆空间巨大。

表4　去产能去杠杆重点行业债务拐点预测

单位：万亿元

时间	煤炭	钢铁	建材	房地产
2011年	2.26	3.89	1.71	21.44
2012年	2.72	4.36	2.06	26.46
2013年	3.18	4.89	2.42	32.32
2014年	3.46	4.88	2.67	38.40
2015年	3.70	4.99	2.76	42.87
2016年	3.71	4.76	2.78	48.98
按2016年价格计算拐点	2.30	4.35	3.38	32.91
去杠杆的规模	1.41	0.41	—	16.07
达到拐点时间	2011年	2012年	未到	2013年

资料来源：《蒙格斯报告之三：中国债务拐点研究》。

5. 小规模银行发展空间压缩，重组并购转型是主要趋势。经济增长方式转变及流动性收窄后，以规模增长为主要商业模式的中小银行前景堪忧，应该由规模银行向价值银行转型，并购成为解决规模问题的主要方式。而资产质量、服务功能、风险管理技术、产品特点等则是决定命运的因素。

6. 互联网金融回归金融本质。未来十年互联网金融的主题是风险管理。需要注重数据、制度、拨备、规则、流程、风控、交易模式等方面的金融技术和体系建设，不受监管、不顾后果、居间撮合、不担风险的时代将一去不返。

7. 外汇储备回归价值储备。现行强制结汇制度将支付、流动中的外汇也形成储备的一部分。今后十年外汇储备制度改革势在必行。应该把支付流通中的外汇还给企业、个人，还给支付体系。庞大的外汇储备将会有所缩水，会给人民币汇率带来一定的冲击。同时外汇储备投资于高风险、现金流不足的项目会带来"货币双重风险"，值得研究。

8. 风险管理工具将深刻影响经济发展走向。建立在数据基础上的对未来不确定性的预测将成为未来十年风险管理的热门。智能化技术将在很大程度上影响分析、预判和决策。所谓智能化，本质上是风险管理方法、技术、模型与人才的结合。

四、建议和提醒

1. 风险隐藏在收益之后，容易让人看不清而忽略。

2. 金融风险工作者的职责是促成交易，即通过发现、提示、规范风险，促成有效交易。

3. 任何经济活动都在大的历史环境下进行。在大格局一定条件下，风险总量是常量，各个主体通过低于常量的风险竞争，从而占有一定市场。

4. 所有规则都应符合人性，违反人性的规则都是风险之源。

5. 未来趋势之一是风险管理的工具化，先进的流程与工具包含了先进观念，工具化建立在数据的基础上，趋于网络化、模型化和智能化。

6. 随着M2增速下降，泡沫化时代结束，各种金融风险将逐渐暴露。经济、金融不确定性增加，将面临各种挑战，根本上是对风险管理体系能力的挑战。

7. 完整的投资成本包括财务成本、机会成本和风险成本。风险成本计量技术已经基本成熟，要学会运用。

8. 全球科技进步带来的财富增长没有得到公平分享，是全世界最大的风险根源。

9. 财政政策应更加积极。应从积极减税、增加基础设施投资、限制地方负债、增加中央负债等方面着手。

10. 科学的监管是划定边界、制定底线，使这个边界和底线框架内的各种交易呈现出多元化、多样化的状态。

11. 市场化的债转股是去杠杆的有效途径。

12. 应加强对不确定性的理解。

（本文写于 2018 年 4 月 24 日）

结构调整与风险承担

党的十八大以来经济结构调整大刀阔斧,"三去一补"抓住了要害,尤其是去杠杆,应该说卓有成效,在某种程度上排除了系统性风险的隐患。在长期快速发展之后所有的经济调整都是必要的,也是正常的。从2018年上半年的数据看,稳中向好的判断应该是有依据的,但经济状况亦有令人担忧处,有一些指向性数据值得分析:一方面,拉动经济的"三驾马车"都呈现减速,其中,社会消费品零售总额为18万亿元,同比增长9.4%,低于预期和2017年同期水平;全国固定资产投资为29.73万亿元,同比增长仅6.0%,明确显示了当前投资的疲软;贸易顺差收窄26.7%,说明贸易形势并未得到实质性改善。在动力不足的情况下,2018年上半年规模以上工业增加值同比增长6.7%,低于预期,实体经济的总体状况改善不明显。另一方面,财政收入却一路高歌猛进,全国一般公共预算收入为10.43万亿元,同比增长10.6%,其中,中央一般公共预算收入4.99万亿元,同比增长13.7%;地方一般公共预算收入5.44万亿元,同比增长8%。全国一般公共预算收入中的税收收入为9.16万亿元,同比增长14.4%;非税收入1.27万亿元,同比下降10.8%。很明显,财政收入仍然保持了高于经济增长速度的传统,这并不是一个好的经济现象,尤其在经济结构调整时期。

在本轮调整中,调控措施和政策监管密集出台。2017年开始,各种紧缩政策纷沓而至,直接的结果是2018年上半年社会融资规模增量累计

9.1万亿元，比2017年同期减少2.03万亿。流动性急剧收紧带来一系列新问题，各方连连叫苦，社会信心也显得不足：2018年第二季度企业家信心指数环比下降1.72%，6月消费者信心指数环比下降3.82%。针对此，近期政策措施又似有走向全面宽松的趋势。这又令人担心整个经济坠入"因热而紧，因紧又松，因松又热"的恶性循环。

目前，要防止各种经济政策杠杆从全面紧缩走向全面宽松，这是从一个极端走向另一个极端而失去组合效能。在货币政策和财政政策搭配上，货币放水易，忍痛减税难。面对国内外日益增长的不确定性，容易的老路子不一定奏效，迎难而上才能驭风冲浪。

为什么经过六年经济结构调整和优化，尤其是去杠杆的有效措施之后经济总体状况没有进入良性发展轨道反而更加令人担忧呢？依笔者观察，这一轮调整过程中有几个认识误区导致了一些调控举措失当，值得反思。

一、经济结构调整所释放的风险承担问题

人们一般认为调整结构是一种纠错行为，只要判断时机准确，措施针对有效，就会带来巨大收益。其实，经济结构调整是一种周期性的经济现象和治理规律，而且任何经济调整都是以风险承担为代价的。没有承担的机制就无法实现调整成本的分摊与消化，调整也是无法真正成功的，或者反而会付出高昂的代价。

现阶段中国经济的结构调整是对长期快速增长所积累的风险的释放，某种意义上调整结构的过程就是实现风险的释放、转移、分摊和消化的过程。其核心是要避免系统性风险的爆发，这就要求延长风险释放的时间窗口和切实落实风险承担问题。具体来说，就是要稳定经济增长，在发展中解决风险释放问题，即实现风险的缓释，且被释放的风险要被合理地真实承担，这是在调整结构释放风险过程中应该树立的一个最基本观念。

结构调整过程中释放的风险不能被消灭，就必须要被不同的经济单位

承担。要稳定经济增长就要保证实体经济有一个良好的发展环境，市场的所有参与者都应当按契约规则承担相应的风险成本，从而获得新的生机。由于政府在经济生活中的主导作用和国有资本的经济地位，政府理应承担经济结构调整所释放的相当大部分风险。然而，2018年上半年数据显示，全国一般公共预算收入同比增速达10.6%，大大高于同期全国一般公共预算支出7.8%的增速，这意味着政府部门承担的风险实质上在减少。这就必然导致更多的风险被转嫁到企业和居民部门身上，从而抑制了实体经济活力和居民消费意愿，最终达不到稳定经济增长的目的。

在结构性调整和去杠杆的过程中，政府不能一边调整结构释放风险，一边减少自己的风险承担。结构调整去掉的产能、挤掉的泡沫、去掉的杠杆在具体交易上就反映为各种财务成本和损耗，仅由企业承担是不合理的，企业也不可能有此动力；在风险上就反映为结构调整造成增长速度"剪刀差"带来的风险成本，如图1所示。被转移出去的风险会在经济和社会活动中，在除政府外的各个经济单位间不断循环、传染、放大，一旦超过经济和社会框架所能承受的底线，触发全局性的系统性风险的可能性会逐步加大。

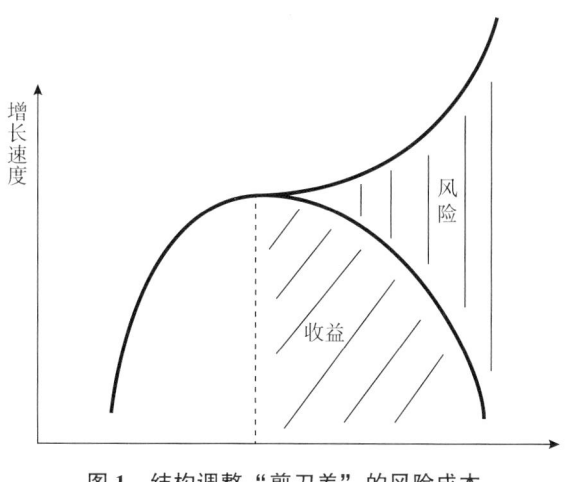

图1　结构调整"剪刀差"的风险成本

二、调控措施时空错配问题

在总的调控目标下，各种经济调控政策和杠杆的运用其实各有各的功能，在时间与空间的搭配上应发挥不同的作用，而不是一哄而起，把调控目标口号化，措施同质化，监管功能在时空上一致发力，结果货币政策与财政政策同时紧缩，信贷市场与资本市场同时从严，中央与地方同时启动去杠杆，使得各种政策与监管措施失去了配套调度和有效协调机制，看起来热热闹闹，各方呼应，实际上已失方寸。当货币政策紧缩，贯彻去泡沫去杠杆方针时，M2已经从15%左右下降到历史低点8%左右，财政政策理应更加积极。所谓积极，首先是积极减税。从2018年上半年数据来看，财政收入增速14.4%，大幅高于同期经济增长增速6.8%，也高于全国居民人均消费支出实际增长6.7%。这显示出减税仍有极大的空间。其次是增加基础设施投资。在过去的许多年，20%以上增长速度的基础设施投资对经济的拉动作用明显，而2018年上半年基建投资增速放缓，较1~5月下滑2.1%。第三是限制地方负债，增加中央负债。财政部数据显示，截至2017年底，中央政府国债余额13.48万亿元；地方政府债务余额16.47万亿元。根据我们对债务拐点的研究，中央政府负债并不存在一个向下的拐点，也即中央政府债务的继续上升，仍能够带来对于GDP的显著正面影响。而地方政府债务拐点大概在2014年之前就已经达到了，这表明地方政府债务的继续上升，将会带来对于GDP更显著的负面影响。

当货币政策紧缩时，企业融资渠道减少，去杠杆任务加重，这时候资本市场不应压缩而应开放。这同"严监管"并不相悖。但压缩直接融资规模并不是"严监管"的目的，反而会造成流动性紧缺。须知增加资本充足正是去杠杆的重要措施。2018年上半年所谓的第二次"违约潮"便与此相关，短短半年间新增债券违约金额已高达190多亿元。虽说债券违约是由多方面因素共同作用的正常市场现象，其本质是信用风险发生的不确定性。但是大量债券在短期内集中违约，风险释放过于密集，风险承担又得不到有效落实，这十分危险。

在经济结构调整期间，各种经济政策的组合效能十分重要，这需要强化顶层协调能力，使货币政策、财政政策、产业政策之间配合有度，信贷市场、资本市场、产品市场运行平稳。各行其道，难免混乱。

三、政策与市场衔接问题

当前政策措施通常存在这样的悖论：企图规范市场行为反而干预了市场。其实质在于政策措施与市场之间缺乏衔接，也缺乏打通政策与市场之间的有效桥梁。监管者都希望所有的市场行为能符合自己想象的状态，并且整齐划一，这实际上是不了解市场也不尊重市场的幼稚监管。在货币政策方面，商业银行直接面向市场，但监管部门掌握了投放规模、节奏和具体对象，这就使得政策措施与市场之间容易脱节。金融监管无疑会影响银行的放贷能力和意愿，进而影响货币乘数效果，从而影响货币政策传导到市场的路径。近年来央行多次释放流动性，但市场仍然感觉"钱荒"就是例证。金融"严监管"尤其是对表外业务的严格控制，对银行的放贷行为和放贷能力产生了较大影响。同时，企业的不断违约又使银行的放贷意愿大幅降低。也就是说银行虽然资金充裕，但由于严厉的金融监管，资金并没有及时流出银行体系，货币乘数效应未能有效发挥，货币政策到市场的路径发生了堵塞。

金融监管的主题是搞清楚社会无人承担或者表面承担而实际上无人承担的风险总量和结构，提前预警并设定适当的交易条件，而不是盲目地限制各种金融交易。因此，科学的监管是划定边界，制定底线，使这个边界和底线框架内的各种交易呈现出多元化与多样化的状态，才能够使监管与市场之间建立合理的互动关系，才能处理好政策与市场的衔接问题。完全寄托于金融交易行为的"严监管"和动机的道德谴责，并不符合市场监管的科学原理。目前这种以"行为监管"为主的监管模式应该向结构和边界监管模式转型,在结构和边界框架内,由市场决定资源配置。在房地产问题上也存在类似现象。长期以来通过行政手段抑制需求和交易,即限购,客观上推高了房价。房价泡沫的形成同地方财政的扩张与缺乏廉租房等公共财政产品密切相关,去泡沫要从根本上满足社会刚需,也有财政政策与货币政策的配套问题。

四、去杠杆与债转股问题

债转股作为一种市场行为无可厚非,也是去杠杆的有效途径,但是这里存在三个问题:

一是商业银行债权转为股权,在某种程度上改变了商业银行营运模式,使其从金融媒介演变成投资人。如果大面积实施,与20世纪90年代的银行办公司并无本质区别。

二是由于银行并不能介入债转股企业的经营管理,其治理结构并未得到调整改善。对银行来说,风险敞口只是做了账面转移,不良只是从表内移到表外,风险仍需自行承担;对企业来说,资本得到补充,但流动性毫无变化,管理现状毫无改观。

三是行政化、运动化的债转股极易出现偏差。首先是简单风险转移偏差。市场自发的债转股是值得肯定的行为,但行政化、运动化的债转股会摧毁信用体系的根基,鼓动债务违约,造成风险的时点转移,而不能有效消化。去杠杆的本质不是账面的,而是结构的,维持了原结构就没有实现去杠杆的目标。其次是结构偏差。行政化债转股极易向国企和大型银行倾斜,这就造成实际上国企可转民企很难、大行可转小行很难的失衡局面。需要转的转不了,不需要转的反而转了,总量上实现了目标,结构上却失控了。

所以,市场化的债转股才是去杠杆的有效途径,而市场化的债转股就是政府去掉一些条条框框，促进各种市场行为的实现，而不是布置任务下指标。

五、深刻理解不确定性，依靠市场调整结构

依靠市场还是依靠行政监管，这实质上是对不确定性的认识问题。中国经济界对不确定性一向缺少正确认识，心理上很向往"有计划"的确定性。而市场的基础却是建立在不确定性规律之上的。在经济社会中，确定性并不存在。正因为市场充满不确定性，才有各种机会和取舍，才有"看不见的手"，才可能有收益，也可能有风险损失。喜好行政办法，依赖监管路径的本质是向往经济发展的确定性，而这几乎是一种幻想。20世纪90年代末在监管工作中曾经有过"零风险"观念，事实证明这是做不到的。没有不确定性，没有风险，何来收益？没有收益，各种行为终将失去最终动力，经济社会生活社会如一潭死水。各种社会监管就是要在当下规则下，处理未来不确定性，这是风险管理特性决定的。风险管理本身就是应对未来不确定性的技术。风控和监管不是为了把监管者所认为的"不好的"交易堵死，而是为了更好地利用不确定性促进市场实现收益，这是市场的本质。

在目前去杠杆的环境下，释放多少流动性、决定流动性给谁，是需要非常精准到位的，这是央行不可能完成的任务，必须依靠市场自身的力量。

总之，经济结构调整与监管及政策杠杆运用的综合效应形成了目前的经济现状，既有成效，也有隐忧。但由于风险的承担没有明确的路径，使得所有的成效和隐忧都无所依据而同样不确定。抓住本质，厘清原理，方有未来。

（本文写于 2018 年 9 月 17 日）

系统性风险的防范及监管要害

一提到风险，许多人都在认知上把它当做负面因素予以排斥。其实这是不良情绪。风险是客观存在的，不以人的意志为转移，但的确与人的认知有关。通俗地说，世界上的事，你觉得好就是收益，你觉得不好就是风险。每个人的认知有很大差异，所以对风险的判断也有很大差异。一般来说，经营就是平衡风险与收益的关系。风险管理就是以合适的方式处置风险，把风险成本控制到可承受范围之内。

系统性金融风险是指金融机构因外部因素的冲击或内部因素的牵连而发生剧烈波动、危机或瘫痪，使所有金融机构都不能幸免，造成全局性的振动，从而遭受经济损失的可能性。系统性风险一般积累所成的市场风险，无法通过分散投资加以消除，因此又被称为不可分散风险。

从这样的基本认识出发，通过有效监管达到防范系统性风险尤其是金融风险的目的，需要厘清以下几个要害问题：

一、行为监管和内核监管

金融监管的本质是防范金融系统性风险。对金融机构和个人的金融行为划定边界固然必要，如反洗钱、适度的外汇管制、信息披露、案件披露等，这些属于行为监管，但从根本上讲，系统性风险并不主要在行为失范中，没有哪次金融风险是因为金融机构的行为失范引发的。真正的风险在金融机构的业务结构中、经营规模中、发展速度中、人员素质中、考核指标中、治理结构中、激励模式中、战略规划中，这些都是系统性风险的重要坐标，也是成熟监管体系的监管内核，我们可以称之为内核监管。系统性风险看不见摸不着，在你不经意时不断地积累风险敞口，等到发现时常常木已成舟，悔之晚矣。这类似于庞氏骗局，庞氏骗局常常是逐步演变而成的，当某些公司追逐规模，不惜高杠杆高负债而现金流不足只能靠新的负债来维持时，就坠入了庞氏模式。纯粹的骗子并不多见。所以我们在表格中看见的不是真正的风险，风险并不在你眼皮底下，当我们把注意力集中在一些行为失范的风险时，自以为发现了产品、交易、指标、价格、交易主体资格、交易量等方面的行为风险，但其实却正在以此而干预了市场规则、约束了交易的完成、限制了发展而制造出风险。现行的监管部门津津乐道于行为监管形成了各种流程和方法，而对内核监管蜻蜓点水，满足于对金融机构的业务分析，对业务背后的结构、治理、速度、激励、考核这些内核因素点到为止，并未展开真正的内核监管。保险监管的兴趣在牌照的发放而不在商业模式产品精算依据。证监部门的兴趣更多在于IPO的发行而不关心上市公司股东分红制度、退市制度的完善以及治理结构的运行状态。银监部门的兴趣更多在于人员资格考试、理财产品定价、资产出表的形式要求、信贷投放方向与额度、案件发生的原因等，而对银行规模、资本占用、治理结构、负债杠杆、风控体系、拨备水平等不了了之。

行为端的监管当然也很重要，因为某些行为会有示范作用，诱发这类行为的广泛传染，形成系统性风险，但是这种引发的偶然性是建立在内核缺陷的必然性基础上的。并不是所有的行为失范都会引发系统性反应。对金融行为的监管也要建立在风险数据的基础上，界定行为与内核逻辑关系的前提下，选择性地进行有效监控。有些行为属于市场有能力自行调整消化的行为，监管其实多余，行政性干预反而会冲击市场规则。

纯粹的行为监管容易造成监管过度，抑制发展，丢失监管初衷，忘记了对风险与收益的综合平衡，而是对某些行为的深恶痛绝。成熟的监管以内核监管为主，幼稚的监管则拿一些失范行为大做道德文章，搞所谓的监管风暴，大多是缘木求鱼、王顾左右、丢车保卒之举，这是目前金融监管偏差所在。

二、当下规则与未来不确定性

风险管理是应对未来不确定性的技术，但更主要的不是预测未来，而是守住今天。因为今天的行为所产生的后果决定了明天的命运，为了防范未来不可承受的损失，必须为今天制定一些守则。在风险管理中，某项行为不可怕，某类行为才可怕。黑天鹅不可怕，成群的黑天鹅才可怕。因此防范某些行为扩大泛滥成某类行为才是防范系统性风险的要害。

由于缺乏对金融机构内核的监管，而监管注意力高度集中在行为上，牵引着监管的方向偏重于针对金融机构失范行为的监测和应对，落入"道高一尺，魔高一丈"的窠臼。在市场化程度较高的环境下，看起来热点层出，实际上幼稚可笑。正确的做法应该是对金融机构的交易行为通过市场利益的流转任其自行消化。而监管部门的注意力转移到对金融机构内核监管上来，使金融机构回归到平衡收益与风险的轨道上，除了控制财务成本，把控机会成本，更要控制好风险成本，才是监管王道。

三、监管的本质是维持发展

风控是为了发展，承受风险是为了实现收益，这是市场本质所决定的。监管过度往往会牺牲收益，监管不足又常常积累风险。监管的原则并不是风平浪静而是驭风冲浪。20世纪90年代末在监管工作中流行荒唐的"零风险"观念，现在仍未根除，目前时尚的所谓"零容忍"即是其翻版，同样荒唐，都是过度监管的反映。监管部门只对风险承担责任，而对发展置身事外，当然无法改变过度监管的内在根源。反过来让监管部门承担发展责任当然也是荒唐的。因此，问题还是在于监管者要受到规则"监管"，不能允许监管部门对具体的交易行为指手画脚，交易由市场决定，风险由金融机构自行承担就万事大吉。

四、风险承担与系统性风险

有人承担的风险就没有危险，无人承担的风险积聚多了才会产生系统性风险。从计划经济出发房屋买了不住就是浪费，从市场角度看问题已经付出对价的房屋就获得了价值实现。房屋购买后的空置并不是风险，这类行为泛滥时才构成风险，但这源于购房资金的杠杆率，而不是空置。当杠杆率太高时，房价的波动会导致银行不良贷款的增长和大众资产的贬值，使得风险的承担无法兑现。因此需要控制的是社会负债杠杆率，而不是房屋的交易。

金融监管的主题是搞清楚社会无人承担或者表面承担而实际上无人承担的风险总量和结构，提前预警并设定适当的交易条件，而不是盲目地限制各种金融交易。监管不是切豆腐，理想主义常常适得其反。市场中的利益才是行为的最终动力。

真正对系统性风险有直接影响的有两个焦点：

一是把风险转移当做风险承担。风险转移与分散本质上是风险转移和分散承担。而系统性风险是不可分散的，因为分散并不减少风险总量。一些金融机构并不是对风险毫无认知，而是采取一些掩耳盗铃的办法把风险转移到表外或掩埋起来留给未来，敞口仍然没有出表，一旦积流成河就会酿成大祸。

二是短期行为。尤其一些地方政府不是对风险缺乏认知，而是企图把风险时空往后移满足任期政绩。这样的政绩考核体系最容易使地方政府做不实际承担风险的事，如不计成本不顾风险地大额投资把GDP做大。防范系统性风险更主要的是监控政府金融行为和金融结构，而现状是地方政府金融活动根本不受监管，反而监管成为了地方政府金融活动的利器。

须知无人承担的风险状况才是监管的重点。

因此，金融监管的实质是让所有的风险承担都不落空，使市场参与者在风险承担中调整自己的行为，校对好风险偏好，从而达到减少风险敞口防范系统性风险的目的。

金融监管需要定力，需要回归常识，回归结构，回归资本，回归三性，回归杠杆率，回归治理，回归从业资格，回归市场秩序。对市场异端行为的愤怒只是市井情绪，无济于事，情绪化的监管倒可能真会导致新的风险。如果追逐对付行为端层出不尽的异常，就是舍本逐末，就会被杂相牵引而陷入"道高一尺，魔高一丈"的循环，丢失了监管的初衷。

（本文写于 2018 年 3 月 7 日）

简单与小是不是防风险绝招？

从不确定性的角度看，过程越长风险越大，因素越多风险越多，时间越久变数越多，单位越小情节越简单，变化越小不确定性越少，因而风险越小，也越好控制。

现代社会的生活结构复杂，运行流程和生存方式越来越浩繁冗长，工业文明和科技进步带给人们快捷、方便、舒适与效率的快感，摩天大楼与车轮以及信息化、智能化的社会使我们自身也产生了驾驭这个社会的困难。人们在一心一意享受这些速度快感时不知不觉已经制造出各种生存环境中的不确定性，风险积累越来越多，最终进入了风险社会，负面清单和生活中的风险事件影响到社会生活的方方面面，政治、经济、文化、日常生活，等等。机构庞大，人员众多，单位遍布，层次重重，一直是安全与稳定的象征。我们突然有些怀疑：从前以为大的、多的、复杂的才是安全的，例如大而不能倒的观念，现在发觉竟然已经生活在风险丛生的现代化进程中。环境污染、安全生产事故、医疗事故、爆炸事件，甚至倒塌事件和踩踏事件也频频发生。官僚主义、效率低下、决策错误等司空见惯。我们终于意识到大而繁复的事物因为不确定性增加反而使得风险敞口更大，给社会生活和运行带来损害，负面清单越来越长。

简单与小当然减少了不确定性，但是简单与小是不是最经济、最有效用或最优选择呢？当然不是。就成本与收益的关系而言，一定的资产规模或销量是抗风险能力和收益能力的条件，但越大越好、越复杂越精密的观念肯定是不妥的。在风险社会的复杂结构里，我们所面临的不是收益与效用不足，而是风险丛生的险恶，所以，从社会总收益效用与风险成本的平衡上看，回归简单与小应该成为社会治理方式的重要选项。

问题是如何能回到简单与小的生存方式呢，由奢归简谈何容易。

首先要解决两个观念问题：一是社会运行和解决问题的方式要简约，不能造成解决问题的方式带来比问题更大的问题。例如权力要制衡，但缩小权力可能比制衡更重要。城市并不是越大越好，银行并不是规模大就赚钱，等等。二是整体上从追求规模转向追求价值。追求快与大的偏好反映出社会的浮躁和反理性倾向，快或慢、大或小本是事物客观性质所决定的，但时下以速度与规模寻求安全感的社会心理倾向带来了无休止的扩张、不节制的负债、不停顿的发展，风险积累越来越多，社会发展的弦绷得太紧，也越来越脆弱。各种风险事件频发，却挡不住人们冲动的脚步。如果我们把规模与速度冲动看成是社会发展初级阶段的必然，那现在也到了转而追求价值与质量的时代了。

简单与小虽然不尽如人意，但却是价值与质量时代的基本外观。如果我们选择了价值与质量，我们就需要放弃一些速度与规模，而以简单与小的模式获得发展并减少风险的总量。不得不说，这就是这个历史时期应对不确定性、防范各种风险的绝招。

（本文写于 2016 年 1 月 30 日）

走出庞氏陷阱

庞氏骗局的原理并不复杂，却击中了人性的要害。无论以何种形式与姿态出现，万变不离其宗的是高回报吸引投资，高热度编织故事，高热点广泛投资，吸引更多的投资，如此循环，直至无法持续，或少数年，或多数十年，神话最终破灭，投资者承受损失。

庞氏骗局几乎是经济生活中的流行时尚，经久不衰，屡败屡战，在不同的时空里以不同的面目竹笋一样顽强地钻出地面。庞氏骗局玩不好当然是骗子，玩得好点是企业家，玩得更好点就是投资家，花样繁多，技术性强，成为一门高深莫测的专业。

这种技术的核心内容便是通过高回报绑架投资者，使投资者成为这场骗局的共同利益者甚至成为共犯。所谓大而不能倒，就是指一旦规模巨大，牵涉到的利益相关者众多，社会便无法不默认甚至支撑这场骗局的进行，各种利益相关者也不得不"同舟共济"。许多高负债经营的房地产公司、电商公司，之所以胆大敢借，其实各种噱头口号之下包藏的就是债多不愁的祸心，本质上也是庞氏骗局的分支。

每场庞氏骗局的始作俑者并不是个个都充满故意，相反更多的是奋斗中的无意发现。当他们走投无路之际，不惜铤而走险之时，突然发现以高收益吸收投资竟然如此容易，正如戏言：骗子好混是因为傻子太多。这样峰回路转的故事在风险没有爆发前，常常被刻意包装成商业成功的典范和动人诱人的励志故事。

庞氏骗局屡试不爽的原因是利用了人性趋利的特征，而人性的这一特征是千古不变的。因此，我们不能把庞氏骗局归咎于个人道德的低下或失守，归咎于个人欲望的膨胀与失控，而应当站在社会治理的角度来考量社会环境能否抑制这类社会毒瘤的滋生，从这样的角度来寻找产生骗局的原因，例如：

其一，监管失职。监管具有维持公平公正的秩序的功能，对未来的不确定性起到排除风险的作用。虽然所有的高风险高收益公司都不会贴着庞氏的名帖运行，但金融监管机构和工商管理机构有责任对销售高收益产品的公司和高负债运行的公司在风险控制和风险披露方面的情况予以关注和适当的约束，尤其是信息透明性方面更要有较强硬的监管。否则一旦庞氏成局，大众就会受损。有机会防范的正是这些监管机构，因此应当赋予他们责任而不仅仅是权力。

其二，满足投资欲望。社会需要用合规正常的投资产品来满足大众的投资欲望。只有打开投资渠道，满足投资需求，才能使投资者的获利欲望正常化。投资渠道不畅和产品不足，正是各种骗局的温床。只有让市场自行发展少加干预，渠道才能通畅，产品才能丰富。

其三，承担风险的教育。市场的规则是投资者既然获得收益就应自担风险。但由于体制原因，大众养成了坏的习惯：收益归自己，风险找政府。一些银行、信托和证券公司，在投资产品的中介和销售业务中对出现风险的产品，受到非业务压力而无法刚性拒付。由于有机会向其他机构转移自己应承担的风险，投资者就会心存侥幸，不计风险，贸然投资，很容易陷入骗局。

其四，警惕由高风险经营或居间撮合向庞氏骗局转化。由于在偏好上喜好风险，愿意冒险，但是当风险真的来临时，就会有人铤而走险，不惜高成本负债以图渡过难关，如此反复形成庞氏骗局。在互联网金融中，

P2P 和众筹这样的金融活动，经营者本来只是扮演中介角色，起居间撮合作用，但为了追求收入，也会发生同项目经营者合作高息融资的做法，很容易转变成庞氏骗局。

其五，投资损失的法律救济。投资者在庞氏骗局中受损害，常常被视为群体事件息事宁人，各打五十大板，对施骗者刑事处罚了事，民事诉讼达不到追偿的目的，显然违规成本低，违规后果的民事责任被刑罚代替，这常常是施骗者心存侥幸的心理动因。与对消费者权益保护一样，对投资者的权益保护也应提到立法议程。

庞氏骗局与正常投资很难区分。

庞氏骗局的肇因不是施骗者的道德底线低，而是一些真心以为具有凭空生财的机会的天才和蠢材们合作演出的活报剧。经济生活中生长着各种骗局之花，美色诱人，落入陷阱都因为对财富太贪婪，图利的欲望太强烈。社会要走出庞氏骗局之患仅靠监管机构的勤奋严谨是难以杜绝的，每个人都能走出庞氏骗局陷阱，则最终靠自己的理性去克制欲望。虽然"天上不会掉馅饼"这样的常识大多数人都懂，但事到临头想起这句话的人却不多。克制住对利益的无边欲望，庞氏骗局就与你无关。

投资者的成熟智慧并不体现在是否具有从陷阱中脱身的能力，而是体现在事先洞察事物本质，识别其中风险，不使自己身陷尴尬的能力。

（本文写于 2016 年 1 月 5 日）

泛城镇化的恶果

最近南方雨季，诸多大中小城市顿时被雨水聚成一片汪洋。因为下雨而在现代都市酿成人道灾难、淹车溺人、垮路塌楼，构成奇闻却又真实得让人无奈叹息。

在笔者看来，这些现象正是泛城镇化的恶果。经济快速增长中，曾几何时，城镇化逐步演化成财富聚集的白热化。城市在规模、人口、楼群、商场、摩天大楼、立交桥、汽车、火车等外观上突飞猛进，却又因为追求地表外观的热闹而忽略了城市地下对污水、垃圾的处理能力和运输能力的建设。

地下跟不上地表的增长速度，而城市的聚集效应却无意中将各种风险因素汇在一起，酿成各种灾难。

这在中国的大部分地区逐步成为季节性现象，令人不寒而栗。

让城市更像城市，让农村更像农村，这才是经济发展的真谛。

但数十年来，中国人对城镇化着了迷，城市发展速度着实令人吃惊。数十年间，渔村变都市，小城变大城，农村人口随着土地征用，劳动力流动，潮水般涌入城镇。大量的农民变成城市贫民，大量的农田开发成商场住宅，城市像气球一样被充气膨胀。熙熙攘攘，利来利往，来不及规划，来不及思量，来不及考虑地下通道，来不及考虑停车场，来不及修厕所，来不及架栋梁。

突然一场大雨、一场小雪、一阵雷电、一阵狂风，就发生死亡、倒塌、机场瘫痪、汽车泡汤。雾霾笼罩在全国大中小城市，形成原因各言其说，被忽略的一个重要原因就是城市本身的大规模化所产生的聚集效应。

泛城镇化是浮躁的产物，是贫困社会的特征，是对现代化的误解。

所谓泛城镇化，就是把城镇化作为经济增长的手段。把农村变为城市，把小城市变为大城市，把大城市的外延不断扩大，没有限制，失去控制。

社会得到的是GDP数据的增长，城镇化率的提升，大量失去土地的农民沦为（而不是成为）城市贫民。更严重的是，城市在不管不顾的快速发展中功能失去平衡，变成灾难频现的地带，就像从前的穷乡僻壤。曾经的贫困使人们对城市生活有着近乎迷信的向往，城乡二元结构造成的差异更促使人们疯狂奔向城市。

伴随泛城镇化的兴起，农村被抛弃，城市被泡沫。风险被失控的城市聚集起来，加速了风险社会的来临。于是，2016年的夏天，人们突然发现，大部分的南方城市，无论大中小，全都在雨水中沦为灾区。这有些令人猝不及防，但事实像洪水一样涌到眼前，无法回避。

泛城镇化带来的恶果除了自然灾害，还有污染、社区环境、就业、贫困等各个方面的问题。固然对于当前状况下的农民，进城打工使他们获得暂时的经济改善，也实现了梦寐以求的进城夙愿，但令人担忧的是，失去土地的农民进城以后将如何在城市里平安生存。

城镇化是经济发展的结果，而不是经济增长的手段。

违背了这样一些常识，就容易办出费力不讨好的蠢事，而且会贻害无穷。

（本文写于2016年6月3日）

大都市吸金现象及风险成本

北上广深一线城市的房价像荒草一样疯涨。大众徒叹无奈，政府束手无策。与房价类似表现的还有这些大城市的物价、人口、劳动力成本、小汽车、地铁、高架桥、CBD、摩天大楼以及雾霾、噪声、拥堵等各种大都市现象，琳琅堆积，车水马龙。无疑这都是繁荣景象，财富积累。但这样的快速繁荣背后必然会付出风险成本。

北上广深的繁荣可以从一些数据上获得大观，如北京人口1800万，上海2300万，广州1100万，深圳1300万。面积北京最大，广州老二，上海老三，深圳最小。

在中国，北上广深等一线城市也已经达到了富可敌国的规模。2015年广州经济总量达1.8万亿元以上，赶上新加坡和中国香港；人均生产总值突破2万美元，迈入高收入地区行列。换句话说，不知不觉，广州就已经追上新加坡了。按照世界银行的标准，人均GDP超过1万美元是公认的从发展中状态进入发达状态的标志。广州GDP总量已经连续27年名列全国第三，稳坐头两把交椅的则是上海、北京，深圳紧随其后居第四。

上海是中国内地第一个人均GDP超过1万美元大关的城市。2008年，上海全年实现GDP 13698.15亿元，以半年以上常住人口计算，2008年上海人均GDP即已达到10529美元，突破1万美元大关。到了2010年，上海人均GDP为73297元,可以和石油大国沙特阿拉伯比肩。2014年,上海市实现GDP 23560.94亿元,折合3578.91亿美元,同比增长7%,人均GDP为9.76万元。根据2014年世界各国GDP排名数据,上海市的生产总值已经超过排名第32位的委内瑞拉,比前一位石油大国阿联酋只少200亿美元。

北京市统计局2010年年初发布的数据显示,2009年全年北京GDP达到11865.9亿元,比上年增长10.1%。全市人均GDP达到68788元,突破1万美元大关。2014年,北京市实现GDP 21330.83亿元,折合3240.15亿美元,增速为7.3%。北京GDP排在马来西亚之后(第34位),已经超过北欧童话王国丹麦。

深圳在房价上鹤立,经济指标亦然。2015年全市生产总值17500亿元以上,增长8.9%。2014年,深圳实现GDP 16001.98亿元,折合2430.70亿美元,增速达到8.8%,超过了排在全球第43位的巴基斯坦。在人均GDP上,2013年为22113美元,逼近韩国,超过2015年的广州。

财富像流水一样滚滚而入。在中国,大城市是神话般的存在。虽然每个城市都有自己的发展模式和增长亮点,如北京所依赖的科技与文化产业,上海的贸易与制造业,广州的物流与服务业,深圳的新科技与金融业,等等。但快速的财富堆积和工业化、自动化、智能化程度的提高,也使得这些城市提前进入了风险社会。所谓风险社会,是指社会不确定性的总和达到一定程度时,随着社会进步,阴暗面越来越支配社会运行和政治。风险社会是人类自己制造的风险。大都市文明在带给人们富足、快捷、方便、舒适的同时,也带来各种不确定性和不安全感。例如对能源、汽车、计算机、网络、通信、生物、建筑等技术的依赖,以及雾霾、拥堵、噪声等,大都市需要承受这些技术进步所带来的负面影响和各种不确定性所积累的风险敞口。就大都市这个客观存在本身而言,"大"而带来的问题就不少。

首先，大都市的繁华几乎就是周边中小城市的灾难，无法实现均衡发展。大都市与周边中小城市的关系犹如大行星与小卫星之间的关系，既吸引又排斥。大都市吸引的是劳动力、资本、人才、物流、各种财富，而排斥的是这些中小城市自身的良性发展。综观北上广深房价高企、厂店林立、商品琳琅满目，保有医疗教育的顶级资源。周边城市挣到钱的人都会通过各种方式进入这些大都市。同乡下人进城一样，这几乎是中小城市人群的梦想。因为从现实生活质量和发展机会考量，大都市与其他城市有天壤之别。事实上大都市的繁华是建立在周边城市的发展缓慢、停滞或衰败基础上的，像北上广深以及武汉、成都、重庆、西安、沈阳等城市的快速扩张，吸瘪了周围城市的财富就是鲜明的例子。许多省会城市在一定程度上也扮演着"吸金者"的角色。这样的繁华并不是经济发展的正常结果。良性发展应该是均衡发展，让城市更完善，乡村更富裕，大城市与中小城市互补，否则超大规模的城市将会从神话变为笑话。

其次，大都市会带来财富的不均衡流动。所谓一线城市常常并不是一个区域性城市，而是全国性城市。在全球经济发展史上在发达国家已经出现了许多超大城市，像伦敦、纽约、巴黎、曼谷、里约等。即使在发达国家，超大规模城市的形成也是一个渐进的过程，各种城市病相应而生，是否能成为人类文明的成功经验，目前也难下结论。对于发展中国家而言，快速刻意地建设超大城市，形成全国各地财富的涌入，必然造成公平失衡，而且难以修复。

再次，大都市的活力和正常运行本质上靠社会精英群体维系。不管决策者如何指引方向，但离开精英群体和各类精英团队，现代城市的运行和维护是很难的。但这里却存在一个悖论，即超级无敌的大都市因为经济资源丰富，城市功能齐全，吸引着全国、全省甚至全球的财富人士流入和社会底层淘金谋生者的流入，前者有财富，不在乎房价、教育与医疗费用的高企，后者对房价、医疗、教育成本敏感度低，能生存就会留下来。精英群体，因其收入水平固化，对生活质量也有较高要求，房价太贵，医疗太滥，孩子教育太难，会让这类人望而生畏，另谋出路。长此以往，必然造成"劣币驱逐良币"，导致人才外流，大都市的管理水平日渐西下，积累各种社会风险问题。

最后，交通拥堵是超大规模城市的喧嚣噩梦。北上广深的格局几乎都遵循北京模式，围绕中心区修建二环、三环、四环直到外环的道路，发散的道路决定了人们的生活模式。上班时都往中心地带涌，因为许多机构都围绕中心区购置办公大楼；下班都往外走，因为中心区容不下那么多的人口。北京往三环内和长安街涌，上海往陆家嘴和外滩涌，广州往越秀区和天河区涌，深圳往福田区和南山区涌。私车越来越多，公共交通工具再发达，也无法阻止私车上路。所以，大都市的交通拥堵是无法解决的困境，是城市发展史造成的无法更改的历史。

大都市面积庞大，人口骤增，但与之匹配的医疗、教育、商业网点、物流配送等城市功能却是靠长期积累才能相对完善。北上广深和中国大部分城市都是在近20年左右快速扩张从无到有、从小到大的，相对于城市的扩张速度，城市功能的配套速度和质量远远不足，而且在现有模式下中短期内无法有相对完善的成果。这样的城市发展模式不调整，这些功能性的不足和缺陷就无法改变，遗憾的是，现在的许多城市都在现有模式上走得太远而不可逆转，功能不足与缺陷将成为大都市永久的痛。

世界上并不存在可以无限扩展的事物，总会有一个从利大于弊（风险）转向弊大于利的界限（拐点）。城市规模也是如此，一旦突破界限拐点，人们就要承受比效用更大的风险。

总而言之，城镇化进程是经济发展和社会财富增长的结果，刻意地把城镇化作为经济发展的动力，无限地推动城市超大规模发展，以为城市越大越好，城市人口越多、面积越大、GDP越多越好，只不过是贫困社会遗留的对财富向往的畸形偏好。只顾享受城市的优势而完全不顾及大都市化带来的负面的积累和风险社会的不确定性，不顾及风险成本和对未来的负面影响，得到的是脆弱的繁荣。这不仅是短视，而且是愚蠢。

（本文写于2017年1月3日）

房地产危机

新一轮政府对房地产的限购调控措施频频出台,刀刀见血,卓有成效,各地有各地的高招。限制户口,限制异地,限制社保关系,然后限制离婚,限制房屋数,限制离婚年限,反正是"魔高一尺,道高一丈",你有对策我有政策,政府权力无限,一定要把房价控制住,也一定能把房价控制住。有人开玩笑说干脆停市算了,一了百了,天下太平。但实际经验是每一次调控的结果就是调控后的房价暴涨。

其因何在?调控弄错了方向。

在一般市场经济环境下,供求关系决定了价格。调控价格都要以增加供给,满足需求为出发点。依靠行政手段压制需求,只会使需求更旺盛,被压抑的需求一定会催生出更高的价格,这并非源于需求过旺而是因为供给不足。即使短期压制住,长期来看不增加供给尤其是经济适用房的供给来满足一般城镇居民的刚需,房价只会走高。但实际情况却令人担忧。按照全国70个大中城市住宅建设价格指数,新建住宅价格指数当月同比增长从2009年1月的-1.4%到2016年底的10.3%,环比增长从-0.3%到0.3%的数据变化,可以体会到房价的飞涨。从供应角度看,在国有建设用地面积上从2009年3月的4.06万平方米到2016年12月的52万平方米,增长很快,但房地产用地面积只从1.19万平方米增加到11万平方米,还比不上仓储用地和基础设施建设用地面积的增长。其中经济适用房用地显然所增不多。而城镇人口却从2009年的6.2亿增长到2016年的7.9亿。供给尤其是安居房供给总体不足是房价上涨的市场原因。一边是低价房供应不足，一边是商品房价格暴涨，看起来矛盾，其实是结构问题，暴露出行政干预下房地产市场的畸形。至于许多所谓专家们指出的房屋空置（过剩）的说法其实并不真实存在。因为在市场上已经交易的房子都有业主，不论业主是否居住其经济价值已经实现。已经建成尚未售出的商品房，风险由开发商承担，也不能简单定性为空置或过剩。空置与过剩的判断带有很深的计划经济思维色彩。

然而就房地产而言事情却不只房价涨跌那么简单。

房地产具有安居与投资双重属性。由于安居属性的刚性，房屋便成为人们财富的重要载体，既可居住又可传承。正因为房地产有安居属性的财富特征，才具有了投资属性，投资属性是以安居属性为基础的。投资属性更提升了房屋的财富特征，所以，炒房地产亦有其合理的市场功能作用。在中国，财富载体单调，仅靠股市、房市、贵金属是无法承受天量的货币发行的。但是房价失控高企使其成为社会财富积聚的主要通道，则是非常危险的路径，到一定程度就会酿成经济危局。

说到底，房屋的基本效用是由面积、位置、设计功能决定的。你拥有一套100平方米的房子实际是拥有100平方米的居住效用。无论你付出100万元还是1000万元，效用不变，但财富观念上却发生了变化。如果价格是市场的产物，那么同一效用的财富数额的波动涨落带来的风险应由购房人自行承担。但如果涨价的收益被管理机构和房地产商获得，那么波动带来的风险则应由受益者承担。只取收益而不担风险的事情，只会在非市场环境里才会发生。

当房地产商把每一块砖头都演义成财富，事情就变得复杂起来。房地产的财富效应虽然与居住效用相关，但更多的是家庭共享和家族传承的财富含义。房子只是人类繁衍生息的物质基础环境，与其配套的财富还有更多,如公共设施、社会保障、其他生活用品的生产能力等。当房屋支出成为居民生活支出的主要项目时,房屋就不仅是财富,也会成为生活质量的重要标志。而房价的涨落就会成为大部分中低收入者生活中的一道悬坎。如果全民为房所困,全民的实际生活质量就会下降,泡沫化的房价造成泡沫化的财富,实际上会使大量的房奴沦为贫者,客观上形成不可逆的贫富差距,最终导致社会动荡。反过来,如果房价大幅下降,则会碾碎国民的财富泡沫,成千上万的家庭面临理论或心理上的破产,其愤怒可想而知。行政干预此路不通,却又无法拐回市场,任由各种风险积累其中,坐等爆发,这就是所谓的房地产危局。

中国房地产的泡沫化对社会的影响至深。据报道,中国房地产市值早在 2015 年已经达到 270 万亿元,是当年 GDP 总额的 4 倍,超过全球 2 倍的均值。数据显示,2015 年中国家庭平均房价收入比为 9.15,超过国际公认的 4~6 的合理范围。中国家庭财富总额在 2015 年达到 22.8 万亿美元,排名全球第二。据研究,中国 2013 年底城镇住宅面积在 207.4 亿~240.24 亿平方米,农村为 233.67 亿平方米,合计高达 474 亿平方米。仅是城镇住宅面积按全国平均房价计算远超 15 万亿美元,占了家庭财富总额的大部分。试想房价泡沫一旦破灭,对社会的震荡和破坏力有多大!

在货币超发的环境下,房地产起到了吸纳货币的重要作用,但吸纳货币不是货币回笼,并不能减少社会流动货币总量。在这个残酷的涨价过程中,房地产转化为财富承载物的真正经济含义是消化了通胀的压力,剥夺了大众的货币收入,超发的货币被房子转化为各级政府的税收、规费、开发商利润、包工头利润、建材生产商利润、建材供应商利润以及很少部分农民工的血汗钱工资。在 CPI 统计样本中房价并不完全计入,所以无论货币如何超发、房价如何脱缰般涨到离谱,CPI 指数仍然不超过 3%,其实房价上涨本身就是通胀的表现,但在经济统计及经济学家眼中就是视而不见、旁若无房。统计局解释说 CPI 是消费性价格指数,只考虑建材价格和房租价格变动情况。那么既然房子是拿来住的不是拿来炒的，为什么指数上就承认是用来炒的？其实承认房地产具有投资与安居双重属性，在统计样本技术上处理并不难，就是不想承认通胀程度罢了。

按照"中国债务拐点研究"模型计量的结果，房地产行业负债总额早在2013年就已经达到债务拐点，其负债边际效应呈下降趋势。负债率超过拐点29个点，其杠杆作用对经济增长贡献甚微。因此，房地产业应该是去杠杆的重点行业。

那么为什么房地产价格会一路飙高到无以复加呢？应该承认地方政府起到了关键作用。1994年利税分流使中央政府逐步强大起来，税收的大部分归缴中央财政，中央的宏观调控能力得到极大增强，但组织地方经济发展和地方民生、维稳等一应事务都留给了地方政府，这就形成了中央与地方在事权与财权上的不平衡。财力不足使地方财政大都沦为吃饭财政，欲谋发展，只能把眼光盯向了土地和矿产等固有资源，这样就产生了各地的土地财政。在某种程度上这种状况客观上促成了房地产业的繁荣，但也由此埋下了今日的隐患。随后中国的房地产价格便不断高企，经过中央政府的几轮行政限购模式的调控房价更是野马般失控。

行政限购的调控措施不仅用错了地方，而且贻害无穷。一是形成懒政，一道政令不计其他，简单而粗糙。二是限制了居民自由消费，与法律规定的一些公民基本权利冲突。三是在利益博弈中产生了一些近乎疯狂与荒唐的行为，如囤积、假离婚、假结婚、各种寻租行为等，动摇了社会基本价值观念。四是打击了普通中产阶级，也使社会人才和劳动力的合理流动受阻。特别是大中城市的房价壁垒造成了城市人群的"劣币驱逐良币"，凡此等等不一而足。

当今之计，还是要从供给着手平衡需求，逐步实现供求平衡，达到调节价格的目标。一是放开房地产市场，逐步取消行政限购措施，加大住宅土地供应尤其是经济适用房开发土地。政府加大对经济适用房和廉租房的补助性开发和直接开发，提高供应能力。在这个前提下，放开投资性房地产交易，促进房屋的流转。二是实行照顾大众的累进房地产税，形成不同地区的房地产价格阶梯。三是加大房地产业去杠杆力度。用市场的办法而不是行政的办法，压缩房地产利润空间。四是各级政府应退出房地产市场，专心控制好土地资源的配置和税制改革。五是重新界定中央与地方的财权事权，开展新一轮利税分流改革。

房地产危局不是近期就会呈现的危机，但若对其危害和带来系统性风险的可能性认识不足，任其孕育酝酿，不远的将来，我们将喝下这杯有毒的苦酒，并付出巨大的社会、经济、政治与人文的代价。

（本文写于 2018 年 4 月 14 日）

限购政策与逆向选择

新一轮房地产控制几乎把行政手段用到极致。之所以称为房地产控制，因为笔者到底也没弄明白这轮控制的目的是控制房价还是控制开发，抑或控制交易或者是控制信贷。总之，不贷款不交易不让买不让卖，让人看不明白。

所有表面糊涂的事，背后都有一个清晰的利益故事。

各地争先恐后的行政控制背后其实都有一套完整的利益考量逻辑：房价高企，吸纳了大量的超发货币，使得居民的账面财富泡沫式增长，犹如虎背之势，再涨会使房地产市场成为经济泡沫的集中地带，极可能因资金短缺诱发系统性风险，加剧贫富差距分化，压抑人才和城市发展，造成"劣币驱逐良币"，使城市由表面繁荣逐步走向脆弱。但如果真正采取市场化的抑制价格措施，首先要抑制地价和相关税费，并增加财政性投资，增加公共低价房、廉租房的供给，这样一来，各地土地财政便会瓦解，使得财权与事权本已极不对称的地方政府立现捉襟见肘之窘境。地方经济动力也会很快疲乏。权衡利弊，考量体制的取向，最好的决策是维持现状：冻结住价格涨跌。限制交易、封杀市场，恰如其分。如此道来各地的奇葩行政控制政策就可以理解了。

但从经济原理和风险控制的角度看，这就是典型的逆向选择和防御性决策，是"道德风险"的集中表达。

所谓逆向选择,在经济学上指的是这样一种情况,市场交易的一方如果能够利用多于另一方的信息使自己受益而对方受损时,信息劣势的一方便难以顺利地做出买卖决策,于是价格便随之扭曲,并失去了平衡供求、促成交易的作用,进而导致市场效率的降低。"逆向选择"在经济学中是一个含义丰富的词汇,它的一个定义是指由交易双方信息不对称和市场价格下降产生的劣质品驱逐优质品,进而出现市场交易产品平均质量下降的现象。

在房地产市场,政府与开发商、开发商与购房者、政府与购房者之间,政府掌控全部市场要素和过程,不仅存在信息不对称,而且政府的政策本身就是信息源,政府的所有调控政策都将开发商、购房者甚至银行置于交易的不利地位,而受益最大的正是各地政府。当我们做整个房地产市场观察时,政府其实也是这个市场的参与者。当然,这样限制交易的调控其结果仍然逃不过市场规律:被抑制的需求一旦放开束缚,供给不足的市场无疑会继续造成房价上涨。不能不说这正是典型的逆向选择。

逆向选择与道德风险相关联。逆向选择是事先的投机,而道德风险是事后的投机。道德风险,即"从事经济活动的人在最大限度地增进自身效用的同时做出不利于他人的行动"。这里的道德风险在经济学上是指利用信息不对称的优势损人利己的交易行为,不是指个人的道德品质败坏。在当前的房地产危局中,地方政府作为参与市场的一方,利用行政权力使得所有的交易都只利于自己,显然使整个市场处于道德风险框架下,失去公平,不利于市场的完善。

仔细分析起来,目前的房地产调控也属于一种防御性决策。在社会风险管理中需要限制和防范一些以推卸责任为目的的管理者防御性决策。防御性决策常常不是最优方案选择而是次优甚至劣等的选择。

既不想触动房地产业利益格局,又要对党中央的政策方向有明确的交代,既不开罪开发商,也不惹翻民众,只能以弃用市场的办法,避开增加供给的难题，选择简单实用短期见效的行政办法。借用击鼓传花的规则，希望把乱象的责任推给后来者。

坊间有种误区，认为在 M2 总量巨大的情况下，房地产可以吸纳货币起到稳定社会总价格水平防止通胀的作用。其实吸纳并不是回笼，吸纳了消费者持有的货币，资金仍然在流转，而且由于房价上涨会使相关经济领域尤其是金融机构的杠杆率上升，刺激货币增发。资金更多地流向房地产市场，加剧房地产的供求矛盾。

还有一种说法，认为在大数据的技术支持下，随着对经济供需关系预测能力的增强，"新型计划经济"逐渐形成，政府掌握的信息越多，计划就越准确，房地产价格就会得到控制。所以现行体制并不是房价失控的关键。这样的说法虽然幼稚，但作为一种噱头流行时仍然会有很多人期待着计划经济功能的奇迹。其实人类采集数据的能力和计算的能力永远都是相对的，永远不可能达到穷尽的程度，现在的状态与过去几千年的历史并无本质区别。市场和无形的手的功能不可能被大数据所淹没，相反，大数据的预测计算模型如果脱离了市场规则那就注定是一个笑话。

房地产困境的钥匙在于增加供给，而现行体制下实现有效供给则需要改革。否则所谓调控常常是逆向选择或防御性决策的结果，长此以往，系统性风险将不可避免。

（本文写于 2017 年 6 月 12 日）

快捷是我们的追求吗？

追求效率的含义非常复杂，但却常常被人们直观而简单地理解为追求快捷。大到经济发展追求速度，小到人们过马路不愿绕道走斑马线。规则与繁杂的流程显得多余，甚至对网络的优势主要总结为绕开了现实世界的各种手续羁绊。手机可以在每个角落顺畅使用，火车时速达到300公里仍有人指责没达到350公里以上太慢。人们风风火火地生活着，有的管理者以每天工作安排紧凑繁多为荣，深圳速度不仅是财富增长更是追求速度的文化，时间就是金钱的励志话语让人们血液急速流淌。成名要趁早，发财要趁早，成功要赶紧，升官要赶紧，恨不得把前三千年没干成的事和后三千年该干的事这几十年全干完。凡此种种、林林总总的生活场景裹挟人们洪峰一样涌向前方，停顿不住，我们看不起跟不上的穷国小国如越南、印度，也鄙视慢悠悠的西方富国如加拿大、欧洲。总之，速度就是一切。

我们来不及思考一下：为什么要这样的速度，我们真的需要这么快速的生活方式吗？答案却并不容易得出。

经过漫长贫困历史的中国社会渴望急速致富，特别是闭关锁国的局面被打破，而且可以让一部分人先富起来的社会环境下，人人都想成为先富起来的那部分人，市场竞争与致富神话像酒精一样刺激着人们的神经。这些社会现象混杂了欧洲工业革命早期的资本喧嚣与美国淘金时代的浮躁涌动，看起来与中国传统农耕社会的悠然与天然气息并不搭界，但细想起来，长期的农耕社会却也留下了当今中国快速观念的文化基础：贫困的积累与士大夫的消灭。宋、明王朝人口不多，就农耕社会而言社会休养生息并无大碍，极端贫困并不普遍，也由此产生了一批有钱有闲的财务自由人士即士大夫和乡绅阶层，相当于今日中产阶级之说，因此也获得了文化艺术的丰硕成果。但清军入关之后，闭关锁国，以野蛮征服文明，尤其是人口暴增，清末已超四亿，这使得整个中国积弱而贫，极端贫困现象蔓延。再经历"二战"前后的内外战乱交困和"文革"浩劫，这样的历史变迁使 1978 年改革开放的中国饱尝贫困之苦后急于挣脱贫困的心态也就不难理解。但是快速发展 30 多年后我们仍然还是需要回顾历史厘清初衷，反思这样的快速生活方式是否正是发展的初衷。有两个问题值得讨论：

其一，风险是速度的伴生物。快速发展使中国社会快速进入风险社会。一定的速度和规模必定伴随着相应的风险敞口。工业文明的快速发展在带给人们舒适快捷方便的同时，也带来污染、爆炸、垮塌、资源枯竭、安全生产、产品质量等风险问题。社会如此，企业也如此。快速发展使工业文明变成了野兽。如何在速度与风险之间找到合适的平衡，是现代社会的治理要害。

其二，先富起来与共同富裕的考量。走向富裕是人类文明进步的目标，但实现的路径却尚无经验需要探索。承认差异，不追求起点的公平，但可以在结果上向公平方向调整，这几乎是人类文明的共识。但在调整结果的方法上至少有两种思路：一是差别税率和公共财政，二是社会主义的政府作为。承认差异是保证速度的动力，社会主义则着力于民生。因此，在发展速度与财富分配的关系上，如何在速度与公平之间找到平衡，同样是现代国家治理的重要课题。

快捷只是理想，不是我们的追求。不能很好地管理风险，没有公平的民生保障，快慢皆误。

（本文写于 2016 年 3 月 7 日）

贰 风险与法律

平等即保护

党中央明确提出对非公经济和企业家的保护,各地都出台了一些措施,这当然是深化和巩固改革成果的重要政策指向。这似乎是一个长期而且复杂的问题,但其实也并不复杂,亦非难题。各种保护措施有"旧非公36条""新非公36条",中共十九大前又出台了《中共中央 国务院关于营造企业家健康成长环境弘扬优秀企业家精神更好发挥企业家作用的意见》并于2017年9月25日正式公布。这是新中国成立60多年,中央首次以专门文件明确企业家精神的地位和价值。意见提出加快建立依法平等保护各种所有制经济产权的长效机制,对企业家合法经营中出现的失误失败给予更多理解、宽容、帮助。洋洋洒洒若干文件,一言以蔽之,核心是平等。在市场环境下,在法定条件下,平等即保护。

非公经济是中国经济增长的重要源泉,目前,我国非公有制经济GDP所占的比重超过60%,税收贡献超过50%,就业贡献率超过80%,当然要保护。但保护的出发点并不是这些比例的重要性,而是法律面前人人平等的文明标准。

非公经济是一个中国特色的分类,从资本角度看,所有的资本都具有同样的属性,并不会因为资本权利的归属不同而有所差异,遵循同股同权的原则。但事实上不同权利归属的资本所带来的企业治理结构的变化,才使企业的经营理念和激励机制发生差异。公有经济是因为政府持有资本而需要使资本的效用发挥在公共建设方面，某些市场特征没有得到充分发挥。而非公经济的效用更多地满足企业自身的发展，更符合市场经济环境下的行为特征。所以，不是资本的差异而是资本所有者的差异，即社会角色差异造成了非公企业和国有企业的差异。就资本而论都是平等的，也都是市场的，如何使用资本的权利也是平等的。非公经济和企业家之所以需要刻意提出保护，是因为事实上他们没有获得与公有经济国有资本平等的市场地位。原因是政府把自己所控制的资源更多地注入了国企，而长期不认同民企的地位和重要性。

在父爱主义呵护下的国企事实上也没有获得真正的市场地位。当前经济运行环境下，国企改革的核心就是使国企获得市场主体地位，因为国企的治理结构、自主决策、激励机制、用工制度与一般市场要求尚有差距。而民企改革的核心就是校正其社会角色的定位，使其市场地位和市场预期更加稳定。民企在产权、社会地位、市场自主权诸方面受政府机构牵制太多，其市场地位的法律保障其实很脆弱，命运常常系于一份文件、一位行政官员的一念之间。真正实现市场在资源配置中起决定性作用，市场主体和权利的稳定、平衡、平等是前提条件。如果一国的某类资本和企业家需要特别的保护，很显然他们并未获得真正的市场地位和法律地位。从这个意义上说，平等即保护。

一国经济，从资本所有来看，由公有经济和非公经济构成，这其中并无上下贵贱之别，都是在中国共产党的领导下，平等地在市场竞争中生存发展。所谓国进民退或民退国进都是伪问题，平等发展才是真市场。

从法律上看，国企、民企都是平等的民事主体。没有任何理由分为上下等级。但很久以来，的确对民营企业存在歧视和市场权利的限制。从这个意义上讲当前研究和强调对非公企业的法律保护是有其独特的历史价值的，也是深化改革的突破口。

对民企的歧视，源于两个认识误区：

一是非公经济原罪，似乎最早获得资本的个人都是违反某些规则实现的。其实原罪是个弹性很大的判断。资本虽然有其无情逐利的一面，但资本本身是中性的经济资源。中国的改革开放本质上是释放出来的制度红利，就是以前不合理的规则被默认打破或改变了规则。改革开放初期有闯红灯或绕红灯一说，因此，应该肯定改革开放初期的企业家们开拓探索的正能量精神，除了少部分通过违法行为致富者，大部分企业家都在经济发展中功不可没。真正具有原罪的是那些扼杀社会经济发展动力的落后不合时宜的计划经济制度。政府权力过大也使民营企业在发展过程中做了很多黑色或灰色的事情以求成功。在这里，真正的原罪也是失衡的权力结构，而不能罗织许多原罪的帽子粗暴地戴给民营企业家，并随时予以清算。当然，民营企业在成长过程中的确经历了混乱、粗放甚至违法行为丛生的阶段，但这与原罪无关。

二是社会角色定位不清。非公经济并没有固化的社会角色和社会地位，政府对其怀有戒心，民企也常常对公有资源上下其手，在追求盈利的过程中常常忽略了社会整体利益和政府的施政目标。比较起来，似乎体制内企业同政府目标更加一致。这一方面是因为政府资本和民营资本拥有者的社会功能的差异，另一方面其实是政府介入经济太深带来的资本效能上的偏差。并不能把民营资本同政府目标的偏差视为民营资本或民营企业家的原罪。

资本是中性的，其逐利本性正是市场的必要条件，给资本戴上一些道德的帽子是幼稚的。

我党对非公经济的领导方式是逐渐明朗清晰的。这个问题中共十八大以后已经解决。所以中国经济是由公有经济和非公经济两部分组成的，两者之间的区别在于资本结构及其治理结构的不同，在法律地位、市场地位、法人特征上并无丝毫的不同。从根本上讲，只需要平等，不需要刻意的保护。

当然从现实出发,提出保护民营企业家确实有客观必要。所谓保护,主要是指对其财产权的保护,不受行政权力的肆意剥夺;投资权的保护:任何经济领域同资同权;收益权的保护:同股同权,同资同利;法律保护:同样行为追究责任的平等,同样行为负同样责任;竞争权的保护:市场主体地位平等,社会责任平等,垄断造成的损失应该得到赔偿;享有公共资源的权利保护:在信息、技术、诉讼、司法协助等方面得到平等的公共资源支持。

社会需要包容与政府目标不一致的发展路径,只要对社会有益就有生存与发展的理由。

在市场环境下,平等是法治的要求,也是公平竞争的前提。

(本文写于2018年3月4日)

权力的本质

权力产生于拥戴，由拥戴异化成权力，形成国家或企业的治理结构。人类社会的逐步形成过程，就是由拥戴而产生各种管理设置并固化成各种各样的权力的过程。有着理性能力的社会，为了防范权力演变成强制那些被奴役者"拥戴"的工具，便对权力的产生、使用、结果检验等设计了一系列不同的流程、要素、条件等规定，从而产生了不同的社会治理模式，如皇权模式、选举模式、推举模式等。总之，权力产生的初衷是一群人为了效率和公平，拥戴一部分更聪明的人来替大家管理并维持秩序，达到效率与公平的均衡。

那么被拥戴的人到底替大家管理什么呢？这就是权力的本质，也是社会公共管理的本质。

回到原始的初衷，公共管理的本质就是管理社会财富，即财富的创造、集聚分配、使用的公平公正和效率保证。

权力的用途从根本上讲，是组织人类群体进行有效率的财富创造，并维持某种秩序，从而保证财富分配公平公正。权力是因为社会管理的需要而产生的。

从现代经济发展历史来观察，自从亚当·斯密发现了市场经济"看不见的手"之后，自由市场国家在国家治理体系上对权力的用途进行了改造。除了维持市场经济秩序，政府并无权干预市场的具体行为，形成了小政府、大市场的治理模式。一战以后，经济萧条规律性地发生，产生了凯恩斯新经济学说，凯恩斯的宏观经济学说鼓励政府对经济的投资进行引导干预，利用投资乘数定律使政府投资发挥杠杆作用，推动经济有效增长，这说明了行政干预对经济的促进作用。这些不同历史时期的经济学说，本质上也是人类对创造财富路径的探索。其实，凯恩斯主义并不主张政府对社会进行全面行政干预，仍然是在市场前提下的思考。

但是另一种思潮性的争议也对权力的作用给出了不同的定义，这就是资本主义与社会主义的争论和实践。

资本主义社会以资本为标的来分配社会的财富，通过国家财政税收的行政力量平衡资本收益分布的不均衡和不平等。资本的运行流转建立在自由市场的基础上，获得了相对较高的配置效率。现代工业文明使资本收益大幅增高，早期的资本主义社会确如马克思在《资本论》中所指出的，带有很浓的血腥味，随着学者们对资本主义早期贫富差距巨大并影响到公平原则的批判，资本主义社会的财富分配逐渐向民生领域倾斜，出现了一些福利国家。但如果福利太好，常常使人丢失勤奋，又会使市场创造财富的动力减弱，效率下降，影响到福利制度促进社会成员幸福感的性质。所以，当社会经济快速发展时期，常常会附带贫富不均等不公平现象，导致税收等分配政策的适时调整，有的时期倾向于促进市场效率，有的时期会倾向促进公平公正，在资本主义制度比较完善的欧美国家，更是印证了上述社会发展规律。美国哲学家桑德尔所著的《公正》《金钱不能买什么》，在哲学层面上讨论了现阶段市场高度发展的状态下，社会如何实现财富金钱与公平之间的平衡。著名经济学家托马斯·皮凯蒂所著的《21世纪资本论》，更是证明了当资本平均收益率高于劳动平均收益率很多时所必须面对的不平等现象。

社会主义国家选择了不完全一样的路径，试图解决社会分配问题。他们依据马克思主义剩余价值理论和阶级分析方法，得出了无产阶级革命的结论，而且成功地在许多国家通过革命获取政权，开始了社会主义公有制的实践。社会主义的实践其实可以分为两个阶段：一个是抛弃市场，认为计划比市场更有效率而实行全社会计划的阶段，一般称之为计划经济；另一个则是建立在市场基础上的社会规划发展阶段，即承认市场的效率比计划更优越，但仍然坚持以强有力的政府力量来实现公平，通过社会规划和国有资本的引导来平衡效率与公平的关系，如中国特色社会主义的本质即是如此。

在纯粹资本主义国家，行政权力的作用主要表现为财富的积累分配及民生福利的调度，而市场社会主义国家（如中国）政府的行政权力则主要表现在社会发展规划和国家资本的引导方面。

充分运用国家行政权力来组织和推动社会生产，创造社会财富，是需要冒极大政治风险和经济风险的。因为行政权力的放大除了会带来经济上风险集中，造成巨大损失的风险，如中国的"大跃进"，也会因此而带来政治上集权风险，甚至产生灾难性后果。一些国家的实践已经证明了这种风险的真实存在。

因此，无论哪种类型的政体和国体，无论哪些历史时期和哪些区域，所有国家的行政权力的本质是充当社会发展中财富创造的组织者、财富运用的规划者、社会秩序的维护者，最本质的作用是充当平衡社会发展中效率与公平的杠杆支点。由于行政权力具有影响全局和历史的能力，同时也会带来极大的风险，因此，行政权力既可能是创造财富的动力，也可能是破坏毁灭财富的动力。

从这样的本质出发，任何社会形态下的行政权力都必须受到约束，以防范权力从财富的创造动力演变为破坏毁灭财富的动力。

（本文写于 2018 年 6 月 30 日）

劣币为何能驱逐良币

在金融货币学上,劣币驱逐良币有两个基本含义:一个是现代纸币在使用过程中人们常常选择完整洁净的新币收藏起来而更趋向于使用陈旧和破损的纸币,使得新币反而退出流通;另一个更初始的含义,是指当一个国家同时流通两种实际价值不同而法定比价不变的货币时,如金与银,实际价值高的货币或金银(良币)必然要被熔化、收藏或输出而退出流通领域,而实际价值低的货币如成色不足的金银(劣币)反而充斥市场。16世纪英国"格雷欣现象"就是指消费者保留储存成色高的货币,使用成色低的货币进行市场交易、流通。

无论金银币还是纸币,都存在劣币驱逐良币的现象。当美元升值时,人们会抛出人民币,持有美元,抛出的贬值货币即劣币则更多地进入流通。当通货膨胀时,人们会收藏储存价值相对稳定的金银,而将通胀纸币用于支付。

将这种驱逐引申到社会其他领域,也能发现类似的现象。如城市生活成本太高,尤其是房价高企时,收入不足以承受房价的社会精英会渐寻他处,有钱却素质不高的人却可以留下来,长期来看,城市人群的结构会产生驱逐精英效应,使得城市管理水平下降。在企业中,如果评价激励机制不健全,低能的人可能会更善于迎合考核指标和领导意志,从而获得体制认可与奖励,如形式主义盛行甚至搞虚假数据,从而对能力强具有务实创新能力的人有失公平，长期如此，势必驱逐高能力的人，从根本上损害企业的利益。

但所有的大格局上的不合理驱逐都是在具体的小环境下的最优选择中逐渐实现的，无声无息，不可抗拒。不合理的驱逐是在制度框架下形成的，其恶果要长时期才能显现。所以防范和谨慎处理各种制度、规则设计时留下劣币驱逐良币的战略失当是非常重要而深远的企业管理甚至风险防范的观念。

劣币是很复杂的概念，除了货币意义上的价值区别，使得有价值的货币即良币反而没有发挥流通功能，还有一些反价值的现象也可以产生驱逐良币的效果：

假币驱逐真币。对于一个具体的人来说，他应当持有的货币收入总是有限的，在有限的数量中，假币越多，真币越少。如果是货币总额有限的穷者，那假币就是致命的。

坏人驱逐好人。无论职场、商场还是人际场，竞争是常态。如果规则不能保护好人，即守规则有道德的人，则竞争中好人一定输给坏人。因为一定规则下竞争常常会成为人品底线的比拼。底线低的流量大，底线高的质量优，质量往往被流量涤荡。

低劣产品驱逐优良产品。低劣产品成本低，如果没有社会监管机制的有效约束，就会轻松驱逐同类的优良产品，仿冒产品如果不遵守知识产权保护，毫无研发成本或是技术付费，当然也可轻松驱逐技术创新企业。这种驱逐将会使社会经济发展的基础沙化，成为不可持续的无本之木、无源之水。

庸才驱逐人才。从人性的本能出发，学历低的更强调能力，其实学历就是一种最强大的能力标志。庸才扬长避短更趋向于人际关系处理，善于倾轧和内耗，对企业依赖性强，而且成本相对较低。如果企业评价体系有偏差，则会在一定程度和范围内驱逐能力强的人才。

假数驱逐真数。典型的如地方政府经济数据的造假，使得中央对地方的政绩考核失真，使得造假者胜出而诚实者淘汰。在商业领域，淘宝上的商品评价体系本是为了制造充分竞争，打破信息不对称，帮助买家进行决策，但是由于"刷单"造假盛行，一些卖家以此制造高销量高评分的"爆款"，而根据淘宝的检索排名规则，高销量高评分的商品即排在检索项目的前列，真正靠质量和服务立足而不参与刷单的商家反而被淹没。在其他一些互联网平台上也有类似现象，如餐饮点评、电影票房等。

仿造驱逐研发。由于缺乏完善的知识产权保护环境，仿冒品剽窃原创设计，凭借价格优势占领市场，巨额投入研发欲取得先发优势反而变成压垮其竞争力的稻草。最近热播的电影《我不是药神》里的印度仿制药，因为不需要自己搞研发承担百亿美元的研发成本，所以可以把2万元一个月的药卖到200元一个月，挤占了正版药物的市场容量，由于药品定价涉及患者生存权和公平性的问题，总是会牵扯很多社会情绪，所以电影中的仿造药反而在中国获得道义同情。其实观众们把覆盖成本的产品定价和政府福利救助与差别关税两个不同的问题混在一起未加区别。在其他专利领域也存在同样的驱逐现象。更可怕的是假药驱逐真药的现象也层出不穷，最近吉林长生公司长期制造假疫苗的事件曝光，据报道该公司占有疫苗供应市场差不多半壁江山的份额，这当然是驱逐了真疫苗药品的结果。尽管我们可以谴责已经破产（即实际作用和公信力已失去效能）的各种监管部门，但仿造及造假驱逐正牌与真货的动力还是来源于暴利。

还有很多倒行逆施的驱逐现象，难以尽述。

劣币驱逐良币只是一种由于价值差异产生的经济与货币现象，不会产生颠覆性负面结果。但这种现象延伸到其他社会领域，造成劣差的一面驱逐优良一面的普遍现象，长期积累，就会颠覆社会在优化结构、价值创造、人才迭代、文化传承、技术创新、长远利益、战略构思、风险成本等方面运行的基础设施，最终扭曲社会和个人的"三观"，造成社会发展的恶性循环而不能自拔。

上述倒行逆施的劣差驱逐优良现象的普遍存在反映了社会治理的巨大漏洞。工业产品质量低劣现象普遍，食品安全甚至婴儿奶粉都令人不安。生产事故层出，交通事故惊人，P2P骗局祸及大众，假药伪药造成恐慌，等等，表明各种监管已经失效。监管功能失效的背后，是各级政府介入经济与民争利的体制格局。当各级政府都参与分享暴利时，任何监管的功能都将形同虚设。

这些劣差驱逐优良现象根源何在呢？

实际上劣币驱逐良币是人性趋利和贪婪的表达。其要害在于只顾当前，放弃长远，只有小环境，放弃大格局。利益的驱动像水一样浸湿所有的事物，要引导这些水的流向则需要社会整体治理的能力。人性并无是非善恶，而是上帝的安排，但人性也需要在个人的小环境里遵循大格局的方向。

什么是大格局？就是市场竞争的规则和限制公权的法制及这个基础上的社会治理价值取向。

具体来讲，直接原因有三：

一是贫富失衡。贫困使得人们的趋利欲望很容易超过正常资本利益企望，浮躁而不守规则。贫富差距越大，人们心理越不平衡，越容易产生利用规则牟取额外收益的冲动，甚至破坏规则获取收益。在这个过程中，很难顾及长远利益和整体利益。

二是权力失去约束。失去约束的行政权力如果介入实际经济交易过程，就会在利益驱使下抛弃公正，成为劣差驱逐优良的温床。

三是监管破产，规则失效。规则失效，法律救济渠道不畅，造成违规成本低而收益高，这并不是简单的道德失范造成的，而是更深层的公平失衡造成的。公平失衡让人们怀疑规则的公正性，尽管这样的怀疑不一定有合法依据，但大多数人感受到不公平时，规则的预期便逐渐失效。所以失效源于规则的预期不确定。这种不确定性则源于行政权力的任性。任何行政权力的任性都是因为权力太大而不受约束。失去约束的行政权力常常是劣差驱逐优良的运行桥梁。

世界上没有完美的制度安排可以使公平公正、当前长远、风险收益、劣差优良实现绝对的最优选择,但是文明的方向应该是优良的越来越蔓延生长,而劣差的越来越萎缩收敛。这才是人性的最终归宿。

(本文写于2018年7月22日)

文化堕落和版权保护

文化兴盛的生活化标识是笔能养家,文能糊口。

并不是任谁都可以做一个文人,当一个作家、画家、学问家、经济学家、文学评论家等文化人。文化人需要读万卷书、行万里路,需要笔耕不止、讨论争辩,需要静若处子、流连忘返,需要千里访友人、雪夜叩柴门,需要师门立雪、借萤苦读,需要十年寒窗、寂寥寡独,需要头悬梁、锥刺股。这都是文化的成本。

余亦文人。数十年间文章数百篇,著书十余本。所幸从业金融,薪资可观。不以文章养家糊口,不靠版税置产购物,才得以笔端常有收获。计算起来数十年所获润笔之金恐怕连结庐乡间的能力都没有。

文人墨客,骚弄文笔,兴之所至,作画行云流水,为文借典比兴,琴弦高山仰止,若有茶饭之忧料是兴致哑然,文艺创作只能是茅庐破屋里粗茶淡饭之余的幻想。国人科学家的偶像陈景润在生活拮据之境,居间窄狭之地,身弱体羸之躯攻克哥德巴赫猜想数学高山之一角,实在也是奇迹。

这些外观不羁、个性张扬、放纵山野的文人正是一个民族的魂魄寄寓之所,精神安放的载体。养活这些文人雅士骚客和不喜烟火的书呆子,并给他们体面悠闲的生活,是一个正常社会的文明。

但纵观现实,文化和文化人都在堕落。究其根本,乃是知识产权制度的虚弱无力和漏洞百出。现如今,出书需要付出版费,网络上发表文章算你自愿，没有稿费而且可以被随意改题目、改内容、随意转载、引用而与原作者无关。书的销量不达到一定数额，稿费、版税都片瓦无存。于是劣币逐渐驱逐良币，低俗并满足器官感受的所谓文化产品泛滥，而费力费智的真正学问和艺术品反而无法问世，也少有问津。

20世纪80年代在报纸上发表文章，编辑会认真同作者商议修改，发表后会把报纸和稿费及时寄给作者，虽然稿费仅碎银若干，但毕竟也有润笔和墨香铅纸的尊严。现在的报纸杂志和网络全无知识产权和作者权益的观念，只顾自己赚钱，为了吸引眼球，什么下作和无耻的面像都可以扮演。作者也有赚钱的，但不是那些严肃的学问家和文化人，而是一些以抄袭、编造、低级、庸俗、血腥、色情、标新立异、怪力乱神、口吐莲花、信口开河、吸引眼球为主的文痞。

文化的堕落源于版权制度的式微。知识产权作为一个重要的法律类别部门，并没有得到全社会真正的重视，尤其是法律界人士，一方面他们是受害者，另一方面他们也最忽视知识产权的保护。侵犯知识产权而获利的法律风险与违规成本很低，据我观察，很少有法律界人士为自己主张过出版权益，反而那些文化痞子们常常为了利益在知识产权上争得死去活来。

近日一位作家朋友跟我说，他的新作出版社收了出版费，然后把印出来的上万册书都抵给他作为稿费、样书和版税。他正在发愁销售，而他个人又不能给买者开发票。我想这可能就是现实中文化堕落、知识产权软弱的一个样本吧。而这位朋友正是法律界人士。

（本文写于2018年4月19日）

相信能力品德还是相信流程

用人是一门大学问。任何管理体制下，人是一个最重要的因素。但人的弹性即不确定性也最大，因为人性最复杂多变。所以在企业管理中，尤其是商业银行经营管理中，一方面要重视人才的培养选拔评价机制，另一方面又要加强业务流程的建设与完善，以约束个人在业务活动中的行为偏差。在银行治理模式上，事实上长期存在这样的纠结：到底是建立以人为中心的治理体系还是建立以流程为中心的治理体系更好？即到底是以行长负责制的层级管理体制为好，还是层级服从流程的所谓流程银行更能控制风险？

这背后需要考量的是效率优先还是规则优先。

相信人的能力自有其理。世上所有的事情，归根结底还是人与人之间的事情。任何治理结构下，都舍不掉人这个核心因素。但人又是最不确定的因素，因为人性的不确定性，使得相信人的能力并依赖这种能力充满变数。因此，人们在管理上设计了对人的评价体系、考核制度、选拔制度、激励机制，希望通过这些规则保证每个被选拔任用的人都是相对最优的人选。

但是所谓最优人选只是一个伪逻辑。从人性上说，所有的人都具有某些一致的缺陷，这些缺陷与能力、学识等没有直接的关系，如图利、喜捷径、不愿受约束、相信自己的经验等，是每个人都天生具有的"错源"，无论用什么方式选拔，无论多么优秀的人，这些毛病都不可避免，都会犯下某些错误。

所以通过某些流程防范人性的弱点，永远都必要。没有任何人能优秀到去除自己的"错源"。通过流程即规则的设计对减少差错、降低成本、保证效率，作用巨大。

但流程的作用也是有限的，至少任何流程都是人设计的。所以没有完美的流程，只有更完善的流程。流程往往增加环节，增加办事时间长度，所以流程太复杂反而会牺牲效率。

从本质上看，所有的哲学都是对人性的某个侧面的根源叩问，所有的管理规则和流程都是对人性的激励和约束。充分发挥人的能力和设计科学的流程是相辅相成的同一事物的两个侧面，两面客观上存在某种均衡关系。所谓的集中力量办大事、法官驱逐辩护律师、强拆住房等现象都是打破均衡、损害程序的做法。

相信人的能力品德更有利于激励，更有利于开拓市场，更有利于促进进取，更有利于指标任务的完成，也更倾向于短期目标的实现。而依靠流程则更有利于提升服务品质，保证产品质量，约束人性弹性，防范人为失误，减少风险成本，稳定经营效率。二者如何取舍，同企业的战略部署、风险偏好、社会责任观念及企业文化有着内在关联。

相信人的能力或者依靠流程的力量约束人性，背后是对效率与秩序、收益与风险、个性与公共的取舍。不同的时期，不同的区域，取舍的标准迥异，但其合理性却是对顶层管理者价值观的考验。

（本文写于 2019 年 8 月 11 日）

激励机制与伦理失衡

在我看来,所谓管理就是处理好三件事:面对人性、超越经验、信息对称。

人性没有对错好坏之分,都是上帝的安排。人性的总和是有利于人类繁衍生息的某种自然现象。文明社会应该尊重人性,也要驾驭人性,既要顺应人性需求,又要防范人性泛滥对公平公正的破坏。维护好公平公正的环境条件,才能真正维持财富增长。在经济生活中,在企业管理中,在金融运行中,任何违反人性的规则都是不可持续的。

企业管理中面对人性就是设计好的激励,使员工在追求收益的过程中更进取,但激励到何种程度,这种进取才是合适的呢?激励不足,则工作动力不足,激励太过,则会使员工和部门在追求指标、实现利益的过程中行为失控,过于依赖短期效果而损害长期的战略利益,最终损害客户甚至大众的权益。所以,激励制度的设计背后需要考量的不仅是企业自身的发展战略和当前经营目标,还有着重要的社会责任角色和伦理道德立场;需要处理好当前与长远的关系、局部与整体的关系,处理好"任期公平"与"同期公平"。

在商业银行风险管理框架中,激励机制是一个重要的坐标。

例如:银行网点如果背负太重的考核指标,而这些指标常常是同员工和支行行长的收入挂钩的,那就极有可能会出现卖产品时夸张收益掩饰风险，甚至诱导老年人将存款购买保险的恶劣行径。前些年一些银行甚至搞所谓买单制考核，即卖出一单产品就结算一份收入。

在不良资产的处置业务中，有些银行依靠行政指标的强制性，要求基层行的不良率必须下降，搞所谓的"一票否决"，结果常常是基层行数据的真实性注水，因为满足当期的考核指标成为生存的前提。各种银行霸王条款层出，面对弱势群体客户不道歉、不赔偿、不认账的行为处处可见。这些不规范行为的根源同激励机制的设计密切相关。

总结华尔街金融危机的核心原因，投行的过度激励是资产证券化造成杠杆率超高的主要动因。在以往的资金交易员颠覆性违规交易而造成严重损失的案例中，激励过度是交易员胆大妄为的主要原因。

当期目标越高，当期收益越大，留存的风险敞口越大，转移到未来的风险成本越高。当前与未来的公平性越低，激励带来的道德负面影响就越大。只顾眼前不顾未来的激励安排，是企业管理中的伦理失衡，其弊大焉。

所以，激励不仅是一种有效的经营动力源泉，也是风险积聚的根源。设计有偏差，最终会构成道德规则的软化，日积月累，构成企业文化中致命的软肋，弄不好导致颠覆性垮塌，正所谓"绩效致死"。

（本文写于 2019 年 8 月 1 日）

商业道德底线靠什么构筑？

北京、苏州、无锡、南京、常州、上海、深圳等城市惊现"毒跑道"，导致各地学生中毒事件频发。

一位央视记者朋友在微信里呼吁：让孩子们安全成长，这是商业利益追逐中应该恪守的最起码的底线吧！

这个呼吁提出了一个问题：在商业社会如何构筑商业伦理道德的底线？

道德教育当然重要。但商业规则以追求利益最大化为动力，商业交易不损及他人的道德标准很清晰但常常被突破。这种突破商业伦理道德底线的动力到底来自何处？

战争是最伤害人类的残酷行为，文明社会的人们为什么仍然不放弃这种行为呢？为什么近几十年战争在逐步约束却又灰烬难熄呢？这或许可以作一些经济学的解释。

如果比较和平与战争的成本与收益，在区域化市场条件下，一场战争带来的收益是十分诱人的，如鸦片战争带给英国人在特权、贸易等方面的收益呈现巨额利润。这样的条件下战争对发动者来说动力充足，在经济意义上属于较好的选项。

近些年战争逐步成为较坏的选项，因为市场全球化使得和平比战争利润更高，投资与贸易带来的利益相对战争更为容易。

战争毕竟要死人，过程亦不可控，所以战争对任何一方都不是好的选择。因此随着经济全球化和交易的增长，排斥战争成了国际关系的底线。

商业伦理道德底线被屡屡践踏，除了可以做道德、法律、社会学、心理学上的研究，经济学的原理可能更加接近人性的本源。在人们追求商业利益的过程中，在经济秩序正常的条件下，增加收入与减少成本是企业通过竞争实现资本收益并达到平均回报率的两个途径。

但当经济秩序混乱，公平竞争难以实现，或者税负过重，利润空间越收越窄时，企业既无改变秩序之力，又无对抗税政公权之能，为了生存与盈利，只能下意识地把利润空间向降低产品质量扩展。

由于秩序混乱，低质量对客户造成的损害很难得到法律救济，客观上存在违规成本较低的可能性。由于中国市场结构上生产商与销售商分离，生产商并不直接面对消费者，所以在心理上的道德压力有一层软垫，在责任上也有一些侥幸心理可资心安理得。而销售商因为只是交易中介，无论对产品质量状况知情与否，也会产生没有违反商业伦理道德底线的迁就心理。

没有一家企业或商人是成心要伤天害理的，所有伤天害理的事情都是某种社会环境和生态的产物。简单的道德谴责无法从根本上改善这样的现象。

法律上所谓严厉打击也只是治本之策，湿土之下，必有虫卵孵化。道德底线的构筑不能依靠道德教化，也不是一味惩罚所能得治本之效的。

尊重人性，轻税减赋，以市场规则调整好利益关系，以法律规范守护好商业边界，则清平公正安全之日可待。

至于北京市教育官员回应毒跑道致大量学生流鼻血是因为"小孩子火气大，容易流鼻血"，那不是道德问题，而是智力问题，不必深究。

（本文写于2016年6月23日）

防御性决策、道德风险及逆向选择的法律考量

　　防御性决策是权力官员在激励不足时常常会采取的决策姿态。在方案选择时,由于方案的收益与决策者无关或相关性不均衡,决策者首先要考虑的是对后果的责任,为了使决策在尽量不承担责任的前提下有所收益,决策者通常会采取防御性策略,即所选择的方案可能不是收益与风险均衡的最优方案,而是对自己的责任状况最佳的方案。

　　与防御性决策类似的还有防御性管理、防御性行政、防御性作为等。一些官员不作为属于防御性工作态度。还有些官员乱作为,如要求办理民政事务的公民先证明"你妈是你妈",证明"你爹还活着",甚至出现民政部门要求公民去派出所办理自己的确是自己的证明或没有犯罪前科的证明,而身份证的身份证明作用却被搁置。这些现象的心理本质都源于防御性作为。只要自己不担责任,麻烦别人与己无关且对己有利。

　　防御性作为和决策源于激励不足、体制受限和个人修养。激励不足会使行政管理人员缺乏主动作为和积极决策的动力。在考核和利益关系上关联不大,而仅仅惩罚上关联较大,决策者当然会选择防御性姿态。体制限制是指如果政府机构行政权力过多过大,那么防御性决策和作为的总量就会大,对社会效率和个人的伤害就会更大。行政官员个人修养的状况当然也会影响作为和决策质量。一个有教养、有信念、有情怀、敢担当的人防御

性的念头会少一些。解决官员的防御性作为模式要在激励完善、体制改革和官员素质上想办法,任何道德号召和法律手段都是南辕北辙。

防御性决策是管理方式和体制的缺陷造成的,这类行为处于法律上的盲区,受到损害者往往无法追究其行政或法律责任,这同道德风险不一样。道德风险是20世纪80年代西方经济学家提出的一个经济哲学范畴的概念,即"从事经济活动的人在最大限度地增进自身效用的同时做出不利于他人的行动"。或者说是:当签约一方不完全承担风险后果时所采取的使自身效用最大化的自私行为。道德风险是市场中的常见行为,通常由信息不对称引起。参与交易的一方常常会利用信息不对称同客户签署对己有利损害他人的协议。如保险条款暗藏的理赔障碍等,或者是投保人因转移了风险而对保险标的物不尽职管理等不作为的表现,公司管理层利用信息优势损害股东利益,金融机构人员利用信息优势挪用客户资金等。道德风险行为大多是签约后的执行问题,是一种事后投机行为,因此是受到法律约束的:一是道德风险带有欺诈性,弄不好会触及刑律;二是在信息不对称条件下签的合同受损害者可以申请法律救济的理由也较充分,因为当事人不充分了解信息而签的合同内容可能并非是自己真实的意思表达,所签合同可能最终不受法律保护而被要求恢复原状,使受损者挽回损失;三是发生显失公平的合同关系,当事人可以申请法院撤销合同,恢复公平。但道德风险不是指某人道德败坏,而是指某种不公平的交易状况。

与防御性作为和道德风险相近的另一术语是逆向选择。逆向选择是指由于交易双方信息不对称和市场价格下降产生的劣质品驱逐优品品,进而出现市场交易产品平均质量下降导致市场消亡的现象。

逆向选择现象源于交易合同签订前的信息不对称。如在旧车市场上,高质量汽车被低质量汽车排挤到市场之外,留下的只有低质量汽车。也就是说,高质量的汽车在竞争中失败,市场选择了低质量的汽车。这违背了市场竞争中优胜劣汰的选择法则。平常人们说选择,都是选择好的,而这里选择的却是差的,所以把这种现象叫做逆向选择。以医疗保险市场为例,由于投保人比保险商更清楚地知道自己的身体状况,而且投保人不仅不愿意诚实地披露与自己的真实风险条件有关的信息,甚至有时还会制造虚假的或模糊的信息。这样,在订立契约时,如果保险公司无法鉴别隐瞒信息的投保人而采取"一刀切"的方式,即将风险程度设定为某一平均程度,那么,那些存在患病高风险的人就会倾向于投保,而那些身体状况较好的人则不会购买医疗保险。结果,保险公司就会面临着较大的赔付概率,甚至可能亏损。这是一种典型的事前机会主义行为,即逆向选择。此外,在金融市场上,逆向选择是指市场上那些风险很大的融资者,往往就是那些寻求资金最积极而且最有可能得到资金的人,结果与市场规则逆向。

逆向选择是市场参与者隐藏了某些不利于自己的信息造成的结果逆向。逆向选择是健康市场所要防范的行为,一般通过技术措施提高信息对称性来纠正。因此,逆向选择是一个市场规则完善和风险管理技术问题,而不是道德或法律问题。

在市场环境下,厘清一些市场行为的法律责任状况从而引申出立法与司法的新的认识和原则是现代法学及行为研究和司法实践的新课题。法治的本质是为人性与社会发展模式设定边界并提供保护,而不能仅仅是行政权力的坚硬外壳。

(本文写于 2018 年 6 月 30 日)

无限与有限的风险与法律度量

北京国贸桥的东北角地区，CBD 核心地带，中央电视台大楼旁边，寸土寸金，至少还有 27 栋楼正在盖着。其中有几栋楼将高达数百米，成为北京乃至中国甚至世界的超级高楼。那么我们为什么要修建如此高楼呢？建楼高度有极限吗？如果有，极限何在？

类似的问题还有：银行不断地补充资本扩展资产规模，规模极限何在？经济增长速度是不是越快越好？人类奔跑的速度极限何在？一个人可以拥有的财富是无限多的吗？城市越大越好还是人口、面积上应有限制？到底怎样衡量事物的有限和无限的合理性呢？

我们明显地感觉到并积累了这样的生活逻辑：任何事物都有客观限度，无度的增长既有违规律，也不可能实现。例如，不同的海拔高度树的生长高度不一样，显然海拔越高树的高度越受限。在高原上很难发现参天大树。

这种现象或许隐含了某种规则：地球上的一切事物都受到宇宙间神秘力量的约束。那么有人会说宇宙好像是无限的呀，但或许正是宇宙的无限造成了宇宙中具体事物的有限，因为宇宙只能有一个。

从风险管理的角度看，无限的增长会带来最终承受不起的风险敞口而走向崩溃。例如，当摩天大楼高入云端时，不仅带来云端办公高瞻远瞩的快意，还会带来各种问题：楼内立体交通、人员分流、逃生路线、饮食供应、空气净化、垃圾处理、楼体老化、抗震防恐等，以及楼面的交通衔接、人流高峰、停车、送餐、如厕，等等，如果大楼林立，人员太多，这些问题便无望解决。因此，城市规划者应该建立有限观念，不要做无限的蠢事。无限的蠢事也存在不少，如对偶像的无限热爱。在经济生活中追求无限的做法也不鲜见且比比皆是，如银行规模经营模式就是不断扩展资产规模，不断补充资本，只要货币在增长，这种循环就继续下去。

在中国，货币发行的增长也似乎走上无限轨道，数十年保持 M2 15% 左右的增长，何时有尽？凡事越多越好（人口）、越快越好（发展速度）、越大越好（国土）、越高越好（大楼）、越没约束越好（电商），等等，这样一些貌似有利实则祸及长远的事情数不胜数。从哲学根源上讲，还是对有限与无限认知尚浅。

无限的有利必然带来无限的不利。无限的不利决定了事物的客观有限性。所以生物都有寿命大限，如果人人万寿无疆，地球最终无法承受。任何有利必然附带不利，任何收益必然付出成本，任何增长必然带来损耗，任何无限的企图必然被有限的环境所约束。这是应该具备的风险观念。

从法律角度看无限、有限的关系也有其独特价值。既然无限的观念是错误的，法律则有责任设定对无限行为的限制，以减少社会总的风险敞口，维护社会理性的底线。既然有限是客观必然的现象，法律就应该保护有限的环境，设立各种行为的有限边界。

我们可以举几个具体事件来讨论有限与无限的界限：

其一，大楼到底可以盖多高？

除了建造技术上的限制外，当人流与物流不能通畅，当人的心理不能忍受时就是楼房高度的限制。超过这样的高度，摩天大楼就会成为集聚并充满各种风险的巨大载体。法律上有必要规定设计师应该找到自己设计高度在技术、材料、人流、物流、人群心理等方面的依据，才能展开设计。

其二，银行的规模限制在哪儿？

商业银行是以资产规模还是以客户规模为生存依据？这是问题的分野。追求资产规模的银行是以自身的虚荣为经营动力的，而追求客户数量的银行则是以市场和社会需求为导向的银行。有资产规模不一定有利润，因为风险敞口也会相应增加。但有客户数量才具有真实的生存基础，而客户数量是多多益善的。

其三，城市可以有多大？

城市并不是越大越好，但也应该达到经济合理的规模。衡量城市合适规模的准则并不在城市表层的各种楼房、设施、功能，而决定于城市底层和地下的通畅与否，取决于城市污水、垃圾、排水能力的大小，以及城市各类风险的总和。一味追求城市效用而不顾负面因素的消化能力是愚蠢的。

总之，在无限的可能性中追求有限的完美，才是理性文明的方向。

（本文写于2016年6月17日）

全民创新的社会需要容错机制

容错机制就字面理解,即由某种系统控制在一定范围内的一种允许或包容犯错情况的发生。一般指工程设计和工业产品生产中可以容忍的犯错概率,也有用容错率来表达这种观念的。对于某一系统或整个团队而言,一旦犯错或少量犯错便会导致整个系统或团队覆灭,即容错率低,相反则容错率高。

总的来说,对于一个系统、一个团队、一个生产流程、一件工程设计等而言,客观上都会存在一定的犯错现象,不同的体系或系统对犯错的容忍度不同而实施不同的犯错管理。

几乎所有的创新都需要经历思维与方法论层面的犯错才会找到正确的方向。几乎所有的新产品都需要有反求机制来寻找弱点,几乎所有的科学技术进步都需要有犯错的试验才会成功。一个提倡全民创新的社会,首先要做的是建立容错的社会机制和观念。容忍过错和失误是一个正常社会的正确观念,不能容忍错误的社会绝不是创新社会。

容错观念不仅是一种社会文化和道德理念,而且是建立在具体的行政与法律制度和风险识别与防范措施基础上的。

在法律方面,容错表现为对各种创新行为的过错追究方面的宽容。在经济、民生、创造等领域的新方法、新产品、新思想等行为造成他人或机构损失的,一般不应该产生刑事责任,而只承担民事责任,在民事责任中也应有充分的免责条款,除了不可抗力,应有试错的免责条款。在崇尚严刑峻法的国度，法律制度的宽容精神才是社会文明程度的体现，才是社会创新能力的动力和保障。

风险管理原理认为，风险是客观存在无法消灭的。墨菲定律表明，只要存在某种犯错的可能，就一定会有人犯错，就会存在一定概率的犯错事件。所以过去曾经有过的对风险事件的零容忍态度其实是很无理而且也无厘头。在经济生活中，一定的速度和规模总是会带来一定的风险敞口。收益越高，风险越大，越是创新，越要承受风险。

社会上流行的所谓终身责任追究制、零事故管理、对负面事故的零容忍等观念和做法是违背常识的极端做法。再聪明的管理者也不可能终身保证每项决策都永远正确，除非他能掌控事物的未来，排除一切不确定性。再有天才也无法确保所有的创造都会永远盈利。

一个人兢兢业业，但偶有失误便被淘汰，连同他的经验和智慧如脏水般泼出，其实也是极大的社会资源浪费。不能容忍风险、不能容忍过错的人，常常是那些不作为、不创新、不承担的懒政者。

包容差异，包容创新，包容过错，包容调侃，包容个性，包容冒犯是社会文明的标志。动辄对过错给予道德批判，不承认过错的客观性，迷信惩罚的绝对作用，不理解过错是成功的必要成本，这是中国社会的文化缺失。尽管许多过错有道德原因，有犯错故意，也应受到惩戒，但许多过错源于心理规律和客观事物规律，我们要做的是顺应规律减少过错，而不是简单地以惩罚应对。

提倡容错并非很功利地为推动创新计，容错是一种理性的姿态。基督教的宽恕、佛教的因果慈悲、儒家的恕、道家的自然，都包含了宽容的人文元素。即使对犯罪行为，在人文情怀上也应有宽宥的胸怀。容他人之错亦是容自身之错。

创新自容错始，别无他途。

（本文写于2015年7月24日）

互联网金融崛起、法律风险防范与监管

——"互联网金融与法治建设"论坛上的讲话

2015年3月5日上午十二届全国人大三次会议上,李克强总理在政府工作报告中首次提出了"互联网+"行动计划。他也曾多次提及互联网金融,强调要倒逼传统金融改革,两者融合发展。2015年7月1日,国务院发布《关于积极推进"互联网+"行动的指导意见》指出:"加快推动互联网与各领域深入融合和创新发展,充分发挥'互联网+'对稳增长、促改革、调结构、惠民生、防风险的重要作用。""促进互联网金融健康发展,全面提升互联网金融服务能力和普惠水平,鼓励互联网与银行、证券、保险、基金的融合创新,为大众提供丰富、安全、便捷的金融产品和服务,更好满足不同层次实体经济的投融资需求,培育一批具有行业影响力的互联网金融创新型企业。"

事实上,从20世纪末开始,以互联网为代表的信息技术便呈现快速发展的势头,也为人们的生产和生活方式带来了巨大改变,在金融领域,互联网技术和金融业的结合产生了我们称之为"互联网金融"的产品和业务模式。互联网金融的兴起缓解了中小企业融资难题,传统金融面临着冲击,转型需求迫切。应该说,互联网金融的确改变了中国的金融生态,其深刻影响仍将继续深入和扩大。但是,今天借着这个致辞的机会,我还是想讲点互联网金融的风险问题。

第一,监管缺失的互联网金融正在积聚风险,亟待规范。

失去监管的繁荣并不是真正的繁荣。互联网金融的本质是金融而不是互联网,因此,应当全面适用现代金融的法律法规来调整网上的各类金融行为。我们知道,互联网改变了传统的商业模式,是一种基于网络的商业模式创新。同传统金融相比,P2P带来了快捷;众筹带来了更自主的投资选择;网络贷款利用数据判断风险,提高了效率和满足中小客户的商业需求;网络支付提供了比传统银行更便捷、更多样的支付终端工具;等等。但在互联网金融发展中,人们注重服务的效率和便利,注重交易的完成和效用的实现,却忽略了它的金融本质:资本约束、风险管理、支付安全、信息对称以及必需的交易成本。在网络金融中,目前望不到《巴塞尔协议》的踪影,更谈不上风险成本的计量和提取(拨备),以及识别风险、揭示风险、缓释风险的规则。目前的互联网金融仍处在野蛮生长的荒草丛生时期,建立规则,强化风险体制,逐步制定法律法规,加强网络金融监管,规范网络金融行为是当务之急。要知道,传统金融经过数百年的探索所确定的各种监管规则是付出大量风险成本之后的智慧结晶,网络技术的运用使得交易更自由,所以监管更重要。

第二,互联网金融的繁荣存在很大的泡沫性。

刚刚发生的股市波动事件表明,高杠杆资金买入的不仅是股票,而且也买入了风险。加大杠杆提升了交易量,也提升了资金成本,但买入的收益却具有很大的不确定性,股价波动使风险成本成为刚性支出而收益却可能被取消,这是普通散户所承受不起的风险,群体行为的不理性暴露无遗,互联网也存在群体行为的不理性。依靠资本估值的融资方式蕴含巨大的不确定性,这是所谓"羊毛出在猪身上"的互联网思维。在这种思维方式下,互联网企业不重视企业的现金流,靠水分很大的点击率作为估值依据,依靠资本市场的泡沫来维持互联网企业的价值外观,这实际上也是巨大的泡沫。随着经济新常态的调整和资本市场的波动,这种泡沫化、杠杆化的互联网繁荣也将带来系统性风险的可能。因此,要警惕股市泡沫和杠杆化的过程传染到互联网领域,尤其是互联网金融领域。

第三,互联网金融带来的公平竞争与交易安全及消费者权益保护问题。

互联网交易在带来效率的同时,相对于传统交易方式而言,由于监管缺失省略了许多交易成本和风险成本,这造成了市场竞争的不公平,尤其是互联网金融,更是缺乏风险成本的拨备。这对于传统市场长期形成的市场准入、产业安全、产品质量、消费者权益的保护等规则都构成挑战,与不承担这些成本的互联网企业相比,那些遵守各种社会监管规则的企业,当然要付出更多的经济成本,处于不公平的地位。如众筹业务的风险承担,通过网络将家庭厨房饭菜变为公众产品,其用料质量、安全保障等由谁来承担,都需要从法律、行政监管角度厘清规则,而不能使互联网市场成为无序或纯粹自由的原始交易。

互联网给我们带来了全新的商业模式和便捷的生活方式,但同时也需要完善相应的法律、法规,加强监管,让互联网经济运行在公正、平等、安全的环境当中,让我国的经济和金融朝着更加健康、安全和有序的方向发展。这次股市危机为我们敲响了警钟,提供了审慎思考的契机,在互联网信息迅速传播的时代,如何用法治的框架规范政府行为、规范金融市场,如何使得法制建设的步伐跟上互联网时代日新月异的金融发展。

互联网改变了我们认识世界和变革世界的方式,在改变了传媒、商业等诸多领域之后,互联网业正在深刻地改变着金融业。在变革来临之际,顽固不化和狂妄自大都是不可取的。面向不可预知的未来,我们应满怀敬畏。在这样一个变革的时期,观察、学习和思考变得更加必要也非常重要,基于这样一个理念,我们组织了"互联网金融与法治建设论坛"。

(本文写于 2015 年 7 月 19 日)

经济安全与刑事法律风险治理

——在"经济安全与刑事法律风险治理"研讨会上的讲话

在当前经济全球化、互联网化的大背景下,经济安全概念日益复杂,涉及的利益主体众多且相互冲突又相互依存,财产关系和交易行为更趋复杂,对国家经济安全提出了更高的要求。众所周知,金融安全是国家经济安全的核心内容,也是整个国家安全的关键部位。"金融风险越小,金融安全度越高,发生金融危机的概率越小,金融的稳定性越高。"因此,防范金融风险、管理金融危机是国家经济安全工作的重要内容。

金融体系的健康与否、金融秩序的稳定与否,直接关系到我国经济能否可持续发展。所有的市场都布满了交错盘节的利益,也相应充斥着失去节制的贪婪。随着我国金融市场的不断开放及金融产品逐渐多样化,金融领域内各种侵权、欺诈等不规范的现象也日益突出。尤其是伴随着互联网金融的迅猛发展,业务模式不断创新,同时缺乏明确有效的法律规范指引,给金融安全乃至国家经济安全带来了极大的隐患。

泛亚、e租宝等一系列互联网金融恶性案件的爆发,如何有效防范和化解互联网金融风险,已经成为行业人士和法律人士共同关注的话题,尤其是其刑事法律风险成为监管的重点。

刑事法律风险是与犯罪相关的一种风险,主要是研究某种行为是否具有社会危害性、是否触犯刑事法律，进而应承担刑事责任的可能性。近年来，刑法学界在"风险社会"理论基础上，提出了"风险刑法"的概念，并主张由于"风险社会"的到来，刑法应当扩大处刑罚范围，违法性根据行为的价值损害以及严格责任原则等。在《刑法修正案（九）》中就通过增设罪名和扩充旧罪的方式，扩大了我国刑法的犯罪范围。然而，"风险社会"并不一定是社会的真实状态，而是社会治理的产物，不应将"风险社会"当作刑法必须作出反应的依据，刑法也不应该盲目扩大处刑的犯罪。

面对经济金融安全面临的问题和挑战，单纯将一系列违法行为纳入刑法范畴，通过刑法的威慑力、强制力，启动国家刑罚权来实现治理，与我国治理领域长期表现出来的"重刑轻民"和"以刑代治"的司法理念直接相关，即所谓的"乱世用重典"。然而，一个稳定的持续发展的社会应该是一个民事法律优先的社会。保护每个人的民事权益是消化社会矛盾、维护公平正义、减少刑事犯罪的法律结构基础。当今很多社会矛盾的产生和激化，其实跟社会违约成本低、受损害者得不到有效的法律救济密切相关，如合同纠纷、伪劣产品等，本质上都是源于民事权益与责任的模糊和民事违约追索的困难。而社会行政与司法体系对此并不以为然，因为司法被高度政治化，而刑法更能体现司法体系的政治价值。因此，社会转型也应包括法制结构上的由"重刑轻民"向民事优先的原则转换。

"刑事法律风险治理"的概念就是在这样一个大背景下提出的，旨在将刑事法律风险治理纳入到国家治理体系中来。

比如互联网金融领域，利用互联网理财开展非法集资、金融诈骗等违法犯罪行为固然有启动刑法的必要，不过，利用刑法规范互联网金融不当行为应该是社会治理的最终手段，保持刑事手段制裁应有的谦抑性，避免过多利用刑事手段干预市场的发展。应当明确互联网金融风险与互联网金融违法犯罪之间的界限，充分利用民事、行政、行业自律等手段综合治理，来解决互联网金融发展过程中所遇到的问题。

当然，今天提出的"刑事法律风险治理"的概念还有许多需要认真讨论的问题，如刑事法律风险治理作为一个新创立的概念，能否自圆其说并得到学界的认同？刑事法律风险治理能否体现事前预防功能？如何将其纳入到国家治理体系现代化的大框架中等。近日，习总书记在中央政治局会议上重提"法治与德治"，强调法律是准绳，任何时候都必须遵循；道德是基石，任何时候都不可忽视。在新的历史条件下，我们要把依法治国基本方略、依法执政基本方式落实好，把法治中国建设好，必须坚持依法治国和以德治国相结合，使法治和德治在国家治理中相互补充、相互促进、相得益彰，推进国家治理体系和治理能力现代化。

如何在当前复杂的经济社会环境中，处理好各方面关系，坚持法治与德治相结合，推动国家治理体系与治理能力现代化，是在座各位教授、司法专家以及业界大佬们共同的责任，希望通过我们的研讨能为此做出一些助力，也预祝研讨会取得丰硕的成果。

（本文写于 2016 年 12 月 7 日）

公司治理结构中的法律与风险的均衡

在现代公司治理结构中，董事会处于核心地位，董事却具有特殊的地位和作用。在董事会的运行机制中，并不是由所有的董事组成董事会那么简单，董事一方面是董事会成员，另一方面却又具有独立的法律地位与责任，每个董事都扮演着独特、微妙、关键与组合的作用，在法律上与所在的公司演绎出一系列的关系。

不同的公司治理结构体现投资者不同的风险偏好和法律观念。积极的投资者或企业家追求高收益，尤其是企业创始人，希望具有法律上的主导地位，亲自带领企业前进，这样的企业注重交易，追求收益，迷信绩效考核的动力，这时候的董事会只是投资者（创始人）的法律附庸，只是信用与法律的背书，风险与法律责任都由创始人自行承担。这样的企业虽然有长期成功的可能，但越是强势能干的企业家所附带的风险敞口越大，越需要适当的约束。创业初期董事会应该附属于企业家，但达到一定规模之后，企业家应驯服于董事会。所以，成熟的企业最基本的法律转型就是资本的多元化和董事会的强势均衡。从风险管理的原则出发，为了确保企业未来的安全，越是被神化的 CEO 越需要被约束。

风险厌恶的投资者或企业家也许会通过公司章程把自己置于董事会的控制之下，并且聘用更专业权威的董事长和董事。这样做的好处是让企业的决策更理性，让自己的资本更安全。但问题是这样的董事会必然会存在防御性决策，为了不承担法律责任而常常放弃最优经营方案选择更安全的方案。

对于上市公司来说由于属于公众公司，公司所有的经营决策和行为及结果等信息必须公开，都应该受到公众监督与公共机构监管，在治理结构上也会体现出法律与风险的均衡性。一般会把董事会、监事会、管理层分开设置，考虑到大众投资者利益的稳定性和安全性，这种三方制衡的设计会牺牲掉一些效率，但保持一定程度的稳健性。由于法律规定了董事会成员由大股东和较大股东代表及独立董事组成，使得不同立场与不同利益诉求的股东都有提出诉求的机会，并制约了管理层在市场刺激下可能的任性，监事会则起到监督董事与管理层成员的促进与制止的随机性制衡的作用，这样在安全与效益之间取得某种均衡。而这种均衡的法律条件就是董事与监事只对公司利益负责而具有独立的法律地位。他们不能成为股东在公司具体事务上的传声筒，必须独立表达自己的立场，并独立承担法律责任。监事据以做出履职评价，其代表的股东即使不满意，也无权在任期内撤换。否则公司既有的风险与法律的均衡就难以维持，损害公司从而损害到股东自己。

无论国企还是民企，公司治理结构都是动态的、多样性的，也是可以创新的，但其背后的故事总会显露出利益、责任、风险、法律之间的某种均衡。

均衡亦是智慧。

（本文写于 2015 年 10 月 22 日）

治理杠杆选择与法治支点

社会治理是一门大学问。无论全球治理、国家治理还是企业治理,首先是治理结构的设计,即治理权力机关的设置、运行及权力机关之间的法权关系的界定;其次是治理杠杆的运用,即实现治理结构价值的路径、方式与方法。任何治理方式都需要运用治理杠杆。如果说治理结构是顶层设计,则治理杠杆是实现治理目标的工具。

运用治理杠杆的过程就是开展社会治理活动的过程。在一个治理体系中,治理者无非面临三大问题:人性、自我、信息,即如何面对人性、超越自我、信息对称的问题。

就人性而言,不同的历史文化环境有不同的表征,但人性毕竟是上帝的安排,是人类繁衍的演进动力,所以从根本上讲人性并无是非善恶。任何违背人性的规则都是不可持续的,但对具体的人性特点的把握和驾驭却极要悟性与经验。常说人生有三大困惑:欲望、情绪、习惯,也有生死、时命、情欲的归纳,其义差异不大。这些也不过是人性展示罢了。

人的欲望需要实现,但又不能放纵无度。治理者既要承认欲望的满足权益,以激励人们工作的进取,又要对欲望进行约束和对冲,以防欲望泛滥危及社会整体利益。须知人人讲道德的前提是人人有利益的预期。

对于个体情绪的管控不仅是个体自身的修养,更是治理杠杆的运用技巧。毫无情绪的人群只能是死气沉沉,但众多个体尤其是治理者的情绪失控当然会影响大局。因此，社会治理者也有责任设定情绪的边界，不能让各种情绪失控危及他人和社会公共安全。

习惯是行为模式的延续，而社会治理者自身更需要克服以旧的行为模式行事，自我经验常常是更新的阻力，影响新的行为模式形成。行为模式如冰冻三尺，改变起来殊为不易。在社会治理层面上，克服陋习不易，判断陋习更难，所谓陋习只是某种主观意识，弹性很大。公序良俗的形成，更多是舆论共识所构筑的。因此通过适当的程序建立社会规则，如立法活动，就是目前最有效的建立规则、克服习惯的路径。

位居高位者，百般历练，决策能力并无可虞。可虞者信息不对称也。所以决策信息的完整与真实是正确决策的前提。通过法治体系提升信息对称的严肃性，确保信息的安全和正确运用，应该成为社会和企业治理的基础。

所有的治理，无论什么模式，无论在国家还是企业层面上，本质上是效率与风险之间的均衡，或者说效率的收益能否覆盖风险成本是社会管理的本质。运用不同的治理杠杆对效率和风险的影响是迥然不同的。

我们需要对实现治理目标的杠杆进行选择。

从人性图捷的方便性出发，治理杠杆最先推崇行政手段，因为效率很高。但久后执行的准确性和行政权力与责任的划分会产生推诿、寻租一类的问题，逐步吞噬掉行政效率。也有许多管理者推崇利益激励手段，提倡绩效主义。利益刺激之下，战略目标、市场效率都很高，但久后因唯利也产生推诿、划界、济私等问题而导致效率降低。因此绩效主义利于当前危及长远的非理性短期冲动，在社会治理和企业管理中都是不可取的。经济学上关于"看得见的手"和"看不见的手"的作用争议颇多，即市场配置资源还是行政配置资源更有效率，经济史已经给出答案，市场配置资源是最有效的。那么除了市场和行政力量之外有没有第三方杠杆呢？经济学的答案是没有。但经济学理论解决了效率最优问题却没有解决风险成本最低的问题。也就是说，解决了杠杆选择问题却没有解决杠杆的合理支点问题。

杠杆选择后，需要找到支点。

一般观念认为市场经济是法制经济，法律是最好最重要的治理杠杆。这是一个误区。法治是支点，不是杠杆。

法治是管束，需要寻求社会治理杠杆在利益与风险之间的平衡。法治的功能是建立各种社会治理杠杆的合理作用区间，在风险成本可承受即可控的前提下实现社会效率和利益的最大化。选择社会治理杠杆的同时必须使杠杆找到一个最优的支点。这个支点是历史的、动态的、有弹性的，因此法制是社会价值观的体现，而法治的尺度则是社会治理的现实选择。

坚持法治就是使社会运行在收益与风险平衡稳定的框架下，形成稳定的社会预期和常识、常规。世界上并无先知可以依赖。所谓先知就是在不正常环境下坚持以正常标准行事的人，当社会环境归于正常时，大家叫他先知。法治社会不需要先知，更需要常识、常规。对于社会运行而言，法律所形成的常识和行为预期与习惯为各种治理杠杆提供了稳定而坚固的支点，让这些杠杆在合理范围内充分施展功效。

法制是一个社会的价值取向，而法治是社会运行的合理支点。没有这个坚固的、合理的、有节操、有弹性的支点，现代社会治理的目标就是空中楼阁。没有方向、目标、信念和治理杠杆与支点的国家抑或企业犹如迷茫的路人。当然迷路的人也会有进展或收获，只是没有未来。

（本文写于 2018 年 3 月 20 日）

企业合伙人制度的风险与法律评估

在各种企业治理结构中，合伙人制度别具一格，值得讨论。企业资本结构决定了治理结构和利润分享，也决定了企业经营管理的权力分配格局。股份有限公司中，在大股东相对控股的资本结构下，由于一股独大，大股东的企业经营模型和企业文化很容易通过其派出的管理层和董事会成员得到复制。这既有好处，也有极大的风险。好处是大股东的成功经验与市场优势可以得到发扬，坏处是大股东经营出现问题时会传染并必然连累到投资企业。在股份分散的企业，管理层的素质决定了企业的命运，因此合适的管理层激励和出现危险征兆时董事会对管理层的刹车与改组机制设计就显得非常重要。一般来讲，评价企业股权结构与治理结构好坏的标准，一是合适的激励，二是有效的风险控制，三是企业财富与文化的合理传承。

合伙制是指两个或两个以上的个人联合经营企业，合伙人分享企业所得，并对企业亏损承担连带、无限责任的组织形式。合伙制企业中，每一个合伙人都对合伙企业的全部外债承担连带、无限责任。利润分配上，在合伙制企业中，合伙人按契约进行分配，契约由合伙人在成立合伙组织前协商订立，可以平均分配利润，也可以不平均分配利润。合伙制企业是根据合伙人之间的协议约定建立的，合伙人退出或新合伙人加入时，必须取得全体合伙人的同意，并重新签订协议。

相对于股份有限公司来说，合伙制企业主要是承担风险的模式不同，所产生的法律责任、激励与经营权限分布不同。

一是按契约承担风险。合伙人在投资契约中可以约定合伙人共同承担风险，负无限责任，也可以约定有差异的风险承担。承担风险的方式与多少事实上决定了合伙人在企业经营管理中的地位与作用。谁承担多少风险，谁就在企业管理中拥有多少话语权。

二是无限的财产法律责任。合伙人对契约确定的风险以无限责任的方式去承担，这样就把企业的命运同每位合伙人绑在一起。合伙人制度本身就是很好的长期激励模式，促进企业经营管理活动的理性。当然，实行有限责任合伙制度则另当别论。

三是便于创业的激励。由于合伙人制度在激励与制衡的取舍上更偏重于激励，对企业来说更利于创业与快速发展。合伙人的利益首先在于成功，其次才是长期的回报和战略目标的实现。内部也更适于买单制度即一笔业务一笔收益的决算。比较适合投行、会计师事务所、律师事务所、各种咨询服务公司等，而不适于具有战略深度经营特点的公司，如金融、实业等。如果一家电商企业选择合伙人制度，如阿里巴巴，那从风险角度考量，至少在长期战略上是不确定、不可靠的。

四是精神领袖的权威。合伙人制度基于一群志同道合投资者的共识。所谓共识只是一群人对某一个人观念的认同。因此合伙人制度一般都有核心人物主持管理大局，成为精神领袖，尤其是创始人。如麦肯锡事务所的詹姆斯·麦肯锡、阿里巴巴的马云等。万科的王石在万宝争议中的态度之所以让人诟病，就是因为虽然作为创始人但已经选择了股份制就应该服从资本的权益，如果他当初选择了合伙企业模式，那万科就不会具有吸引投资者的战略价值。王石对此懵懂未解。

从法律角度分析，精神领袖的权威固然可以给企业带来突飞猛进的发展，但其权力缺乏制衡，法律责任并不大于其他合伙人，客观上有失公平。从风险控制角度看,威权模式的管理系企业命运于一人,正是企业长久生存与发展的致命弱点。须知百年老店式企业其实更需要资本结构与治理结构的稳定,并防范威权领袖人物的致命决策。

总之,不同的企业有不同的历史文化和财富传统,并选择不同的治理结构。不同的企业管理模式并无高下好坏之分,只有合适与否。

(本文写于 2016 年 6 月 3 日)

抵押品法律与风险的有效结构

抵押品和质押权证在银行信贷关系中非常普遍。在借贷关系中抵押品作为贷款的担保物,对借款合同履行的法律责任扮演最终利益补偿的角色。在借贷关系的风险处理中,抵押品作为缓释风险的备付设计承担了最终的风险。在这里,处理信用关系的风险安排与借贷关系的法律安排结合在一起,形成一种微妙的结构,值得引起重视。

在法律上,抵押品主要指不动产,包括房屋、土地、汽车、机器等价值较大的实物形态的资产;质押品主要指所有者的权利证书。抵押品在抵押给债权人,办理完抵押手续之后也表现为质押形式。质押品包括对公、对私、外汇业务等发生的全部抵质押品,包括存款单、土地证、房屋产权证、汽车产权证、汇票、支票、本票、债券、仓单、提单,依法可以转让的股份及其他权利证书。

对于抵押品而言,法律上的特征是不产生实际占用状况的改变,抵押人仍然住在自己的房间里,仍然使用着自己的汽车,只有在其不能如期偿债时,抵押权人如银行便有权拍卖或以其他方式将抵押品变现并得以优先受偿,这时,抵押作为一种法律关系和风险缓释工具都共同指向了抵押品的价值。抵押品价值变化的不确定性和变现的市场可能性成为其法律关系的基础和能否承担风险的条件。抵押的风险目标如果不能实现,那么其法律关系的实际保护便成一纸空文。因此,运用风险管理技术和工具对抵品进行合理定期的估值，既是抵押合同法律管理的需要，更是合同风险价值管理的需要。法律和风险在抵押品的价值管理上会聚在一起形成鲜明而又微妙的结构平衡。

对于质押品而言，因为质押权人要将质押人的权利证书或有价证券等实际占有，权利内容、价值和主体直接在券面显示并在质押期间不会发生改变，只有当质押人无力偿债时，质押权人才有权办理权利转移手续或将有价证券变现优先受偿，在这里，质押法律关系和质押的风险缓释意义共同指向了质押品的真实性。因此，质押品文本的真实性才是质押法律关系的实际保证和防范债务风险的法律前提。法律和风险在质押品的真实性管理上构成了共同的价值平衡，实现了某种微妙的价值结构。

无论抵押还是质押，优先受偿是其法律上的独特价值，也是风险管理上具有排他性意义的缓释安排。这种优先的权利是抵质押法律制度的前提，应该具有凌驾于其他法律规定之上的独特价值，不受破产法、继承法、婚姻法等其他法律规定的约束和依据其他法律的抗辩，如果没有这种独特价值，其缓释风险的意义就难以成立。

在司法实践中，由于行政和其他权力的利益立场差异和对具体事件的介入，抵质押权利并未得到完整的尊重和执行。轻视抵质押法律关系者有之，轻视抵质品价值管理和真实性管理者有之。其实在社会主义市场环境下，有效的抵质押法律关系及其保护既是市场关系的重要润滑剂、黏结剂，也是风险管理的基础。所谓市场，也就是在法律框架下安排好风险的各种活动。法律与风险之间也存在着某种微妙的平衡结构，这种结构的价值常常超过我们的直觉。

（本文写于 2015 年 11 月 12 日）

请坚持法律的高尚

最近有人在微信朋友圈里做检察官离职意愿的调查，很有意味，让我产生一些联想。

法学是一门高深的学问，因为法律是社会进步的体现、文明的结晶，是社会结构中的金字塔顶端和象牙塔，是高尚的标志。每一项具体的法律，都体现了社会的最大利益和长远文明价值，因为法律是公平正义的力量源泉，是社会生活的行为指南，是社会进步的动力，是社会文明的载体，是道德教化的结晶，是人性约束的自律，是生命自由的翅膀。总之，法律是伟岸挺拔、通达完美、练达圆润的文本。法律是社会的共识，亦是社会公认的高尚。

所以遵纪守法是教养。孔子曰七十而不逾矩，其实有教养的人不必修炼到耄耋之年。大众也不必刻意地积淀守法的高尚教养，当他们权益受到保护，违法受到处罚，自然会把行为调整到法律约束的范围之内。所谓法律的高尚，本质上是对那些立法者、司法者、法律服务工作者、行政管理者而言的，因为只有这类人群才是以法律之名而使自己的行为具有了强制性公权的法律外衣，他们的高尚才是法律的高尚、社会的高尚，才是高尚的文明。

所以不必大肆普法教育，不必费力开启民智，不必指责大众法盲，不必炫耀专业深奥，不必揶揄百姓素质。法制寓于法治，民主寓于民意，自由寓于规则。而法律的高尚源于依据民意的立法,保护民权的司法,通达周全的服务,及时顺畅的救济。做好了这些就是一个高尚有效运行的法制社会。任何宣传讲解劝慰,都不及一件体现公平正义的法律事件更有文明的力量。

公平正义应该像阳光一般普照,不偏不倚,不多不少,不激不伏。所有的法律抽象起来就是公平正义四个字,而公平正义都是由法律工作者实现的。因此,法律的高尚基于法律工作者的良知与修养。

立法可以不完善,司法可以不准确,服务可以不周全,救济可以不及时,但法律领域不能经常发生荒唐故事,然后用强权去解释。法律的高尚正在于它自身存在的独特独立的价值。社会的价值取向维护了法律的独立价值,那法律就是高尚的标志,否则,就会沦为特权和抗辩人民的工具。

所有的法律工作者、法律研究者,都负有这样的责任:守护教养的良知,坚持法律的高尚。

通俗地讲,高尚的法律从业者需要保持情怀,不完全受到功利的牵绊。最近检察机关工作人员外流的小浪潮却有着明显的功利催动。司法改革将会使检察机关的侦查权转移、监督权压缩。检察机关原有的职责有五个方面:一是对重大犯罪案件行使检察权;二是直接受理国家工作人员的贪污贿赂犯罪和渎职犯罪案件进行立案侦查;三是对公安机关侦查的案件进行审查,批准逮捕,对于公安机关的侦查活动的合法性进行监督;四是对刑事案件提起公诉和支持公诉,并对法院的审判活动是否合法实行监督;五是对案件的判决和裁定的执行,对监狱、看守所、劳动改造机关的活动是否合法进行监督。概括起来检察机关的职权为侦查权、公诉权和监督权。可见,我国检察机关是一个权力广泛的机关。

改革后的检察机关将成为公诉与司法监督机关。这当然会使当事人失落。不仅检察机关,其他机构面临此类跌宕也会同样沮丧失落。笔者并不想评论这项改革的理由得失,而是觉得这样的失落及导致的人员外流透露出的体制缺陷信息值得关注。

首先,权力的寻租空间显然并未消失。法院时而爆出的荒唐判决,公安部门刑讯逼供,监狱内的凌辱失道,律师的讼棍行径。

其次,公务员的待遇。

最后,职业生涯的正义观困境。价值观即政治观是不准确的,应该扭转为法律即正义,但在"国家主义"的价值取向中演变为强权即正义,很多相关荒唐事件背后都是这个逻辑,以捍卫公权力的尊严与权威之名却适得其反。

(本文写于 2018 年 11 月 12 日)

法律的精神是公平与效率的平衡

公平与效率实际上也是一种悖论。追求公平就会减少社会成员之间的差异，如贫富差距，这必然会放弃一部分效率。追求效率客观上需要适度放大差异，无疑会在一定程度上牺牲公平。法律体系作为社会治理的主要杠杆，在公平与效率之间扮演着调节器的作用。当然在社会治理框架中，政治、经济、税制、文化、教育等也是重要的治理杠杆，但法律体系是所有社会治理杠杆的基础支点。法律精神所指，决定了社会发展的价值取向，有必要树立清晰的观念。

法律精神应该是指法律体系最基本的核心价值。有人说法律的精神是怀疑。从法律的属性来分析，法治体系是建立在理性自利的基础上，即经济学上的经济人假设，然后设定规则，防止对他人的利益损害。这是现代法制的理性基础。从这个角度可以说法律有怀疑之精神。从立法看法律的确应具有怀疑的人文精神，但从整个法律体系上看，其人文精神背景更为复杂，显然绝非怀疑二字所能概括的。

在法学思想中，卢梭、伏尔泰、洛克、孟德斯鸠都是强调法律的社会理性。无论契约论还是三权分立，都是从怀疑立场出发并尊重人性，从自然法的理念得出法律的基本精神是秩序、公正、平等的结论。美国现代法学家伯尔曼强调法律应该被信仰。伯尔曼的《法律与革命》和其20世纪70年代的《法律与宗教》都已在中国翻译出版，并在中国的法律界产生了重大的反响。"法律必须被信仰，否则形同虚设"一语，更成为近年中国法律界中广为援引和流传的一句箴言。

有人沿着伯尔曼的方向解释社会主义市场经济是法治经济，认为法律信仰是其内在要求，其必要性表现在它是民众守法的内在动因，是执法者公正执法的主观需要，是市场经济建设的精神基础，是法治现代化的必然要求云云（孙文恺）。但实际上通过增加宗教的社会性和法律的神圣性因素，伯尔曼把法律与宗教联结起来，这样的联结在中国是说不通的。法律与宗教在欧洲的结合，不仅有着现实的、研究方法的原因，还有着更深的历史、文化基础。西方社会的法律与宗教在制度上相互影响，在观念上相互依赖，因为它们都建立在西方宗教的"人性"和西方科技发展的"理性"的基础上。这与中国社会情态与历史相距遥远。中国历史文化中，信仰只会献给权力者，而不会献给权力者制定的千变万化的规则。

从怀疑到理性到公平，这是法律精神的升华。但伯尔曼的《法律与革命》这个书名倒是让人联想到托克维尔的《旧制度与大革命》一书中表述的托克维尔定律：一个政权最危险的时刻通常是在其开始改革之时。一个政权为什么要改革呢？一套现行的制度为什么会被称为旧制度？这联想给了我们另一个重要启示：人类在寻找公平的实现途径上，无非认准了两个方向：一是法制，一是革命。法制如果能理性地平衡好公平与效率的关系，以法律为主的社会治理架构就不会成为"旧制度"，那么法国式的大革命通过破坏性的社会颠覆去实现公平的路径就只是一种备选，而不会真正发生。但法律如果失衡，无法调整好社会发展过程中公平与效率的关系，产生严重的成员地位、财富、自由度、资源共享等方面的巨大差距，则革命就会应运而生。

当我们从社会发展与治理的角度考量法律体系的社会功能与核心价值时，才会恍然大悟到法律、法制或法治并不是政治权力的附庸，而是社会运行、发展及改善的重要平衡器，是社会稳定最有分量的砝码。虽然法律本身也是社会人文精神的产物，与宗教、自由、哲学、平等等人文价值直接关联，但作为独树一帜的社会治理杠杆，法律的核心价值与基本精神的内核就在于平衡好公平与效率的关系：既能保持社会发展动力，承认一定程度的贫富差距，又要让这种差距维持在理性范围内，避免因差异过大产生以颠覆现行制度等破坏为途径的追求公平的革命。法律的精神是一个历史动态的范畴，不同时代的表达不同，但基本精神都如上所述。

清明的政治仅仅靠道德提升是难以催生的，只能产生在以约束公权、维护民权为基础的现代法制体系上。聪明的政治框架尊重法律体系的独立运行地位，让法律的演进适应社会发展效率与公平的需求，使社会贫富差距相对合理，使社会公平正义的伸张通畅达意。做到这些并不难，全世界有许多成功的先例，而我们所收获的则是社会的稳定繁荣和人民的安居乐业。

总之，法律包含了许多人文精神，但核心的精神其实很简单，那就是法律要体现公平与效率两个社会相向极端互为悖论的平衡，成为一定历史时期这个悖论的悖解结论，既微妙地防止因失衡而引起破坏力量，导致社会颠覆行为发生，又能使社会发展具有足够自由的空间。如果法律精神核心价值丧失，那就给予了颠覆活动的破坏性符合自然法则法理上的合理性，那么人类期望的公平就会付出毁灭与破坏的代价。

（本文写于 2016 年 10 月 16 日）

契约精神的经济解读

契约精神本体上有四个内容,即契约自由、契约平等、契约守信与契约救济。一般认为契约守信是契约精神的核心,是契约的伦理基础。但是从经济学的角度来考察,契约精神的伦理基础应该是制约违约行为的发生。而对违约的制约是以法律救济为基础的,法律救济挽回缔约者履约的损失,使违约得利归零,甚至付出更多成本,使得违约者无法得到额外利益。这既维护了契约的法律属性,也指明了缔约者的经济预期,同时还树立了市场交易参与者的利益计算范例。查《民法总则》(征求意见稿),在民事责任的相关条款中对违反民事法律规定的法律后果做了明确的规定,建立了基本的法律救济框架,尽管粗略,也算清晰。但总则虽然对确立民事法律关系的平等自愿原则做了表述,但没有对契约关系做专章规定,不能不说是一种疏忽或回避。

如果违约能够得利,则契约不复存在。

以违约获利为动机的缔约者,其行为已不属于民事法律调整的范围。

在金融机构中,对风险敞口的计量主要是依据行业、企业的违约概率和损失概率。一家银行对客户的吸引力是"存取自由",如果存款时许以厚报而取款时刁难百出,信息披露、风险提示不充分不完整,都会引发客户的转移。这种转移依据两个条件:一是市场竞争而非垄断,客户可以自由选择自己满意的银行;二是存贷款行为的自由,客户可以根据自己的需要选择符合自己风险偏好的产品。可见金融活动就是高度周密典范的契约行为。

如果一个社会屡有违约行为而屡屡告诫存款人、消费者、投资者提高自身的防范素质，而不是保护他们正常的民事权益，就会危及诚信体系。风险管理技术服务和风险教育不是让人提高警惕不要上当，而是让人做出符合自己偏好的收益与风险成本平衡之后的选择。对交易过程中出现违约的处置，那不是风险问题，而是法律救济问题。

契约精神中的自由与平等是契约成立的条件，而救济通畅才是契约免受破坏的保障，当契约上升为法律关系时，这种保障才是契约法律属性的体现。在某种意义上，守信程度作为契约执行的文化沉淀，与契约的法律救济程度是成正比的，契约受到的保障越充分，社会守信程度就越高，社会诚信伦理就越成熟。因此，守信是契约精神的产物，而不是契约精神的前提。

在契约遵守方面，我们不宜期待人性光辉的照射，也不宜挑战人性。所有市场参与者、交易缔结者，都是经济人，在经济生活中所有的参与者均为利益而来，如果违约能够带来利益，劣币就会驱逐良币，那些守约而付出完整成本的市场参与者痛定思痛，逐渐都会选择违约而成为违约者。

在法学家和道德家眼里可恶的失信者，在经济学家眼里只是一个逐利者，逐利者并不是天然的违约者。经济法律制度的设计不当会使这些逐利者分化成不同的人群，制度缺陷越大，失信人群也会越多，多到一定程度，社会信用体系便会破产，契约精神便会荡然无存。

所以，契约精神的经济实质是守信收益与违约成本的衡量，收益大于成本时，人们会趋于守约，反过来违约收益覆盖守信收益时，人们会趋于违约，甚至会千方百计钻制度的漏洞，制造各种信息不对称的环境，演义出各种伪假交易骗局，获取额外收益。

因此，契约精神的本体内容中，通过法律救济渠道保障契约目标的实现，尤其是受到违约损失的一方最终能挽回损失，才是契约制度的基石，有了这个基石，守信才能成为契约精神的华丽外表，并越来越对契约行为产生正面积极的影响。

把契约精神的重点放到法律救济上对中国的民事司法实践是有极其重要意义的，仅仅靠打击违约与道德号召是远远不够的。

综上所述，法律救济的顺畅通达是非常重要的民事法律制度。当前对民事诉讼的司法资源在整体法律结构上需要进行调整，改变重刑轻民的现状。一方面需要加大民事司法资源的投入，另一方面也需要完善民事诉讼流程，细分民事主体与程序，压缩民事诉讼、仲裁及执行的社会与个人在资金、时间、精力方面的成本，分类处理不同性质的民事诉讼活动，化繁为简。目前可以着手的有以下几件具体事项：

一是建立专门的民事诉讼法院。目前除了海事法院这样的专业法院外，一般设立的都是综合刑事、民事、行政诉讼的综合法院，法院之下按大类设庭。这样的设置很难让民事诉讼发展成社会司法的主体。刑事与民事的诉讼是专业性区别很大的法律领域，合为一体有诸多不便。即使大幅增加民事审判人员，在资源有限的综合性法院里也很难调和刑、民之间资源分布的合理性。设立专门的行政、劳动、知识产权、财税、民事纠纷等各类专业法院正是解决司法资源结构偏颇和专业鸿沟障碍的最佳办法。发达国家已有先例，值得借鉴。

二是规范对民事诉讼活动律师服务收费。应该彻底改变按时收费和按标的额比例收费的做法。民事案件属频发事件，且涉及个人财产安全，如果诉讼成本太高会使司法资源的总效率降低，更会使平民大众难以享受到优良的司法资源，这亦属不公平现象。法律服务的收费应遵从原理。律师事务属于中介服务行业，风险代理服务使律师与某一方当事人发生利益关联，容易干扰其中立和对法律的忠诚，因此不宜提倡。由于律师服务亦具有智力服务的特点，在限制条件下按时收费目前尚有合理性，但随着数据运用和智能化的普及，按时收费也会被低成本的智能咨询所取代。因此，对民事案件实行分类按件收费并设立收费额度区间是比较可行的思路。

三是从根源上解决民事案件执行难的难题。推敲起来执行难的根源还是在法律结构上重刑轻民和司法资源分布不合理。刑事案件的执行过犹不及，但民事案件的执行需要各方机构和个人的协助。虽然司法协助是单位和公民的法律义务，但如果需要大量成本的协助，则不可能简单要求协助了事。有些协助需要承担业务、个人、法律的风险，这些只承担风险履行义务的事务当然执行起来愈加困难，因此有必要设立司法协助的国家补贴的风险承担办法。

总之，法律关系只是经济关系的表象，立法、司法应当尊重法律关系背后的经济本质，考量各种利益主体的博弈规律，惟其如此，才能使法律资源发挥充分效用，才能使法治社会的光芒普照到普罗众生。

（本文写于2017年3月10日）

叁 悖论与公平

"任期公平"困局与异度均衡

在现代企业管理中，前后任之间的微妙关系常常会发生或然性的不确定的后果。这需要研究任期制的经济学含义。

任期制是人类文明的重要发明，是相对终身制而言的赋权制度。无论组织机构还是团体都会对重要岗位设计任期。由于任期时段有限，选拔优秀人才就成为一个重要命题。只有优秀人才才能在有限的时间里发挥才能，带好队伍，完成业绩。

更重要的是任期制约束了被任命者的任性，防范了权力的滥用，阻断了利益输送的周期，尤其在中国人情社会环境下，任期制具有对冲人情对社会规则侵害的作用。现代社会治理从公权约束的原理出发，也从人才公平竞争和错误淘汰的角度考虑，已经使任期制成为社会通识通用的制度安排。任何一个机构和团体，岗位的长期任职都不可避免地会演变成腐败的根源。长期任职也是官僚主义的温床，每个人任职初期常常有所作为，但时间一长不免管理疲劳，缺乏锐进动力。所以，任期制是人类文明进步的产物。

但任期制也有难以逾越的负面困境。许多事物都有周期，经济周期更为明显，每一个个人的任期无法与周期匹配，所以，任何人在一个岗位的任期内都面临着道义上的策略选择：到底是只顾当前做出骄人成绩，还是兼顾长远为后任开拓空间？

如果只顾当前，在经济上的含义就是把当前快速发展的风险成本搁置起来，留给未来。这对继任者来说是极不公平的。如果每一任都采取这种策略，那就使一个区域、企业、行政单位陷入竭泽而渔的恶性循环，最终导致整体塌陷。

其实这不是一个道德选择难题。从人性上考察，几乎所有人都会以利己的立场选择把风险成本留给未来，区别在于每个人的修养有异而程度不同。现实生活中此类现象比比皆是。行政官员在任期内搞政绩工程，追求发展速度而忽略质量；企业高管在任期内搞过度激励，追求短期绩效；银行行长在任期内追求资产规模，掩盖不良贷款，少提风险拨备，实现利润虚盈；等等。这几乎是与任期制伴生的现象。因此这个问题的本质是在任期的制度安排上尤其是评价体系上如何防范当前收益对未来收益的过度损害。

可持续发展理论强调了代际公平的经济伦理问题，代际公平的含义完全可以延伸为"任期公平"的经济伦理和制度安排问题。

"任期公平"是一个道德选择的困局，也是一个经济行为学的理论问题。如何实现任期公平，使任用者的施政或管理行为受到适当的约束呢？异度均衡所表达的经济学理论原理或许可以破解这一困局。

异度均衡是经济分析框架的最新发展。与一般均衡理论和纳什均衡理论不同，异度均衡从事物不确定性的本质出发，寻找事物波动规律，依靠数据，计量事物当前收益波动与未来风险波动之间的均衡关系，找到均衡点（拐点），并以此为依据来评价当前资源配置与管理活动的合理性。异度均衡的分析过程就是观察社会现象，提出最优处理方案的某种逻辑和相应算法的结果。其逻辑起点是，任何事物都是不确定的起伏波动的过程，在所有的不确定性事物中，除了无法计量的不确定性事物外，其他可计量的风险波动则是可以通过采集数据进行测算并据之管理的。既然有波动，那就存在某种收益与风险成本的均衡点即最优状态，而实际状况与这个最优点之间的距离就是我们要解决的问题。这种问题要么是收益太高而风险成本未能充分显现，实际状况在拐点的左边；要么是风险成本抵消了收益或更加大于收益，实际状况在拐点的右边。因此，除了收益性数据外，约束性负面数据也应成为计算模型中的重要变量。由于引进了波动的负面结果即风险成本概念，就使得计算的结果成为一个悖论的均衡点，不足则不达，过则不优。

异度均衡逻辑的理论优势或者特色是不仅关注当前和未来的增长，而且关注当前与未来的风险成本和负面因素，首次将风险计量的原理运用到经济理论上，在全球现代社会越来越进入风险社会的今天，这是一次理论逾越，使得人们判断经济社会现状和预判未来趋势时，更加接近事实的真相。

在上述分析框架的基础上，会导致当前经济资源配置的规则和对当前收益的真实性评价体系发生本质改变。从这一均衡原理出发，相信会从根本上开拓出一条解决"任期公平"困局的有效途径。

（本文写于 2019 年 7 月 8 日）

国企改革的企业家困境

在社会主义初级阶段和市场经济框架下,仅仅以政治道德和信仰的力量来约束和激励企业家的经营行为,以求达到最优效果是不够的。放弃利益激励显然是过于理想的办法。

《中共中央关于全面深化改革若干重大问题的决定》对推动国有企业改革、完善现代企业制度做出了清晰的构画,要求国企必须适应市场化、国际化的新形势,以规范经营决策、资产保值增值、公平参与竞争、提高企业效率、增强企业活力、承担社会责任为重点,进一步深化国有企业改革。

寥寥数语,道尽关键所在。实际上国有企业改革已经历经三十多年,其间进退跌宕,一发全局,思维激荡,不一而足。当前又面临深化之局面,若干老话需要重提,若干新象值得辨析,本文仅择其关键之处做些讨论。

一、国企的分类与功能分离

从经济角度看,国企并非社会主义国家所独有。国际惯例中,国有企业是指一个国家中央政府或联邦政府投资或参股控制的企业。在中国,还包括地方政府投资控股的企业。政府的意志和利益决定了国有企业的行为。

国企同时具有营利性法人和公益法人的特点，前者要保值增值，后者体现为实现国家调节经济目标和国民经济多个方面的发展。二战后，在凯恩斯主义背景下，由于国家垄断资本主义和社会主义公有体制从两个侧面催动，东西方国家的国企都大幅增长，对战后经济恢复和以后时期的高速增长起到了重要作用。

尤其是走上改革开放之路的中国，更是以国企的经营优势创造了高速发展的经济奇迹。但时日良久，由于所有权与经营利益的相关性模糊，国企运行模式也暴露出高度垄断、削弱竞争、产权不清、政企不分、治理结构失衡、管理混乱等一些积弊。

中国改革开放以来，国企一直是改革主题，历经若干阶段，也获取极大成果，国企的历史也是不断改革的历史。

在我国，国企作为国民经济的主要动力，有着非同寻常的地位，如何发挥国企的市场能量和平衡社会发展的调节作用是当前国企改革的重要课题。

一般来说，国企作为经济运营主体，可以分为两类来描述：一类是营利性法人，一类是公益性法人。

营利性法人其产品当然要参与市场竞争，而公益性法人一般在垄断、专营和惠民领域运营，这两类企业虽然都参与市场之中但经营环境有较大差异。

若是分而运行，尚有其理；若是融为一体，一方面国企挟政府背景而难保竞争的公平，另一方面国企又受现实利益的牵引而难以自觉实现公益目标。可见将盈利目标与公益目标混合在同一企业存在机理上的矛盾。

事实上，我们对竞争性国有企业可以适用保值增值的考核目标，而对公益性国企可以适用专营或垄断保护下的考核目标，其资产经营仍然是市场化的，但其资本回报却是公益性的。

人们常常希望国企能起到左右经济命脉的重要作用，但一国经济之命脉，并不以资本归属为标准来确定，过去强调国有资本要掌握国家经济命脉的说法实在是一个理论误区。应该说任何一个市场领域，其总量达到一定比例、影响到整个国民经济质量和规模时，就是重要领域，政府都应在政策与资本两个维度上高度关注。与其分为命脉和非命脉，远不如分为竞争性和公益性更为科学。

笔者以为，目前国企深化改革，关键点并非国有企业的经营方式改造，而是把两类性质的国企进行分离，让竞争性企业回归市场，让公益性企业理直气壮地依附政府。企业一旦自行在市场中存在，经营方式的市场化就是必然的选择，机制问题或许能迎刃而解。

就政府而言，对竞争性企业更加关注的是资本，对公益性企业更加关注的是资产，而且应当从现有框架下庞大的国有竞争性企业中逐步减持资本总额，注入公益性企业，增强政府调节经济的功能和弥补民生资本的各种不足。那么，哪些属于公益性企业呢？

这当然是一个动态划分的范围。那些对某一时期国民经济宏观格局有重大影响、对民生质量有重大影响的行业可能会被划入这个范围，但公益性企业享有不同的财税条件和竞争环境，涉及大众根本利益。

因此，一定时期的公益性企业范围应该经过特定的行政或法律程序确定。就当前社会经济而言，军工企业、航天、石油、城市地铁、城市地下管线、自来水等行业应视为公益性行业，实行垄断经营，在整个104万亿元国企资产中，公益性企业所占的比重不应超过30%，否则市场起决定作用的机制很难成立。政府注入这些企业的资本应保持相对的稳定并且能够得到及时补充。

二、国有资本与国有资产

对于走中国特色社会主义道路的中国经济而言，既要在市场框架下实现经济资源配置的高效率，又要确保社会均衡发展的公平正义格局的实现，通过无形的市场之手和具体的政府调控合力作用于社会经济这样一种理想的状态，关键还是要从资本和资产两个概念上区分不同的功能。

让资产全部进入市场，由市场起决定性作用，让资本划分功能，使政府的调节功能建立在资本的实力上。

国有企业到底是资本意义上的界定还是资产意义上的界定？在现实经济生活中，人们更多地使用国有资产的概念，如国有资产流失、国有资产审计等。其实资产作为生产元素是归属于资本的，资本是所有权范畴的概念。

当我们谈论国有企业时，更主要是指其资本权属，而不是资产归属。由于资本作为生产要素可以带来价值增加，所以必须有法律上的权属状态，作为资本增值的分享依据。资产是实现资本价值过程中的各种可交换的物品，常常是生产的结果而不是生产的决定性要素，所以用资本权属来界定企业的所有权性质是一个民事法律的原则。

对于全民所有制的企业，其资产当然属于国有企业，但对于股份制企业来说，其资产只归属企业，而不能直接归属资本所有者，资本所有者只能按股份权限分享资产收益。所以，谈到国有企业时，只能从资本意义上认定，而不能从资产意义上划分。

从法律意义上讲，实际控制一家企业一般要占到资本股权的51%，所以只有全资和占有51%以上国有控股企业才是法律意义上的国有企业，对这些企业进行竞争性和公益性的区别才有实际意义。

只有资本权重达到控股比例的企业，大股东才有权任命经营代理人，而鲜见以资产产生状态和法律状态来界定企业性质的方法。也就是说，即使对国企而言也只存在国有资本，而并不存在法律上的国有资产，所有的资产只归属具体的企业。

按照资本权属来界定国有企业的范围，在道德上使企业具体经营者摆脱了经营资产过程中市场波动的羁绊和压力，资产经营和交易中的盈亏都是正常现象，不宜用来衡量经营者的政治道德。

在法律上，强调资本的权属关系，体现了资本所有者对企业资产经营的有限责任，更能厘清其中的经济与法律责任。如果政府直接经营企业资产，那就意味着政府对企业经营的无限责任，这当然不妥。

国有资本的经营，包括控股与参股两种形态。目前需要建立一整套国有资本的经营、考核、统计、收益分析的管理体系。控股需要经营资产，是指对国有全资和控股企业的资产经营。

对经营资产的企业，政府应任命或聘任经营代理人，资产归属于每个具体的企业，都是由资本所有者按照权属去委托代理人进行经营管理，如聘任董事长、总经理、董事、监事等，这些都是通过企业章程实现的。

因此，政府管理国有资产的说法是不准确的，经营国有资本才是政府的责任和目标。对参股资本的管理，世界通行的做法是建立主权基金委托经营，如中国的中投公司、新加坡的淡马锡、阿联酋的投资局等。参股资本具有很强的流动性和技术性，一旦进入资本市场就应尊重市场规则。资本价值与价格的涨落只是市场的正常现象，动辄质疑资本交易是否贱卖了国有资本实际是对市场规则的怀疑。当然，任何资本交易都应有严格的评估与定价程序，防范利益输送也是重要的管理课题。

三、混合所有制

在社会主义市场经济条件下，一国经济的增长依赖于全社会各类资本的增值，用以满足人民不断增长的物质和文化的需求。需求的增长表现为社会各个方面，也就决定了社会资本在各方面运营的合理性，不论这些资本的来源和构成如何，它们的增值都构成了社会经济总量的增长。因此，所有的资本从经济上是平等的，而社会主义的政治前提则决定了社会总的资本结构中公益性资本的重要性和适当的比重。

混合所有制是市场经济环境下资本组合、生产要素重组从而产生出新的经济动力的重要制度安排,这是大势所趋,毋庸置疑,其中涉及两个重要的理论问题,需要讨论。

一是一股独大问题。国有资本一股独大,是政府乐见的结构,便于对国有企业控制和经济调节能力的增强。但对于竞争性企业来说,国有资本一股独大会造成企业经营战略和目标上与公益性的冲突,也会使得其他股东的利益受到影响;一股独大也会造成企业治理结构缺乏理性制衡,一家股东左右董事会的局面,除了可能损害小股东的利益,更严重的常常会使企业的经营方针复制大股东的战略,不利于企业的成长。

二是资本所有者的平等待遇问题。在市场起决定性作用的机制下,资本的功能并不因权属不同而不同,但会因使用方向不同而产生不同的经济影响。所以资本所有者的平等待遇是市场平等竞争的前提。

在我国因为历史的积累,国有资本已经足够强大,其主导公益经济的作用也足够强大,在市场起决定性作用的竞争领域,如果社会其他资本得不到法律和监管、行业准入等方面的国民待遇,混合所有制就只是纸上谈兵。

在混合所有制企业中,国有资本的比重或大或小,投资者包括政府在内,其对企业的经验管理诉求都应该通过董事会的代表来表达和实现,而不能因为其中有国有资本就拥有特殊的影响力。

甚至政府控制的公益性企业,也可能成为混合所有制的企业,因为其他社会资本也具有投资于垄断、专营、惠民等行业中的意愿,只要它愿意遵循国家政策、愿意经营平稳低收益或无收益的企业。

混合所有制能带来投资利益的均衡。其实质是资本在国民待遇条件下的机会均等,而机会均等正是社会公平正义的基础保障。可以说混合所有制的提倡推动,的确是抓住了现阶段国企体制改革的核心,也必将会为整个社会经济发展带来活力。

四、企业家困境

在社会主义初级阶段和市场经济框架下,仅仅以政治道德和信仰的力量来约束和激励企业家的经营行为,以求达到最优效果是不够的。放弃利益激励显然是过于理想的办法。所谓利益激励,不仅包括利益的获得,也包括利益的丧失,既包括物质如奖金等,也包括精神如理想的实现、能力的施展等。

无论何种企业治理结构,其价值最终体现在能否为企业经营者(企业家)提供一个有效、制衡、个性化的管理平台。对于私营企业来说,资本权属及其风险均有明确真实的法律上的承担者,治理结构的选择常常围绕股东利益的最大化来设计与展开,但国有企业则比较复杂,其股权所有者(政府)和实际经营者相对分离,股权、经营权、监督权三权之间的组合与市场和资本配置、资产经营之间存在一些需要澄清的法律关系。多年来,正是由于这些法律关系的认识、理解及表达在实际运行中存在诸多差异,所以国企的管理者中尽管不乏精英,但很难出现真正意义上的出色的、理性而富有个性的企业家。我们可以把这叫做"企业家困境"。在深化改革的当下,如何破解这个困境,确实需要有破题之举。

首先,明确代理人关系。在国有企业资本运营中存在三层关系:股权代理人、经营代理人和监管代理人。同西方企业治理结构不同的是,中国的企业法所确定的上述代理关系中,同政府管理结构的直接关联较深,这使得问题复杂化。

如股权代理人,一般是指国企董事长,但政府指定的股权持有人(如中投公司)不仅充当账务簿记股东,而且派出董事参与企业战略制定,而董事长却由政府直接任命,并不由持股单位决定,这样董事长与董事(会)就失去了一致的价值取向,董事长作为法定代表人一般应持公司立场,而股权董事常以大股东立场审视企业决策。

董事长、总经理、监事长以及高管层尽管都是由政府任命的经营代表，而董事、监事却是由簿记股东指派的代表，他们都代表了大股东的权益，却无法弄清楚谁才是经营责任的最终承担者。

因此，现行由国资持股单位派出董事、监事，而政府另行任命企业经营者的国有资本管控模式需要改进。

从原理上讲，国资持股单位只宜充当"账房先生"，对国有资本进行账务登记和收取权益，而企业的经营应由政府任命的经营代理人如董事长、总经理、监事长、执行董事等各司其职，承担国资经营的最终责任，一般高管人员和董事、监事都应从市场吸纳。须知，国资的管控模式不能完全适应市场特点，也就无法形成真正中国特色的国企治理结构。

其次，聘任制与任命制的选择。无论是竞争性企业还是公益性企业，都需要从市场吸纳各类管理人才，包括高管和董事、监事等。

这些市场人才强调专业性和流动性，所以适于聘任制，但对国资企业的经营代理人除了专业性之外，还要考量综合素质和忠诚度，强调稳定性，所以适用于任命制。因此，除了国企"三长"和执行董事应实行任命制外，其他高管和董事、监事，均应适用完全市场化的聘任制。

第三，激励模式。激励是国企改革的关键坐标。激励模式影响到企业的核心竞争力和发展动因以及风险控制。

一方面我们不能简单地将激励看作是奖励，或是把国际同类岗位的工资定价拿来类比；另一方面也要深刻理解个人职业生涯与企业发展相互关联的巨大动力作用。如前所述，竞争性国企与公益性国企的内在矛盾也反映在激励模式的选择上，竞争性企业与公益性企业应适用不同的激励模式。

对于竞争性国企，在激励模式上要适用市场一般规则，企业激励模式有多种选择，主要是两个要点应有所突破：一是薪酬市场化，二是管理层和员工持股。从薪酬激励到利益绑定是现代企业激励模式的进步，利益绑定蕴含了职员的职业生涯、成就感、财富成就、安全感等一系列管理心理原理，已经成为竞争力的主要载体，激励过度当然会带来短期行为或逆向选择等风险隐患，而激励不足则企业也会漂浮动摇。

因此，在财务政策上应给予竞争性国企一定额度的股权与利润分配权限，以满足适度激励的需要。对于公益性国企来说，因为带有市场垄断性，员工职业生涯也以稳定为特征，因此，与企业状态相适应的薪酬和福利条件是基本的激励手段。

上述三个方面的破题之举是国企经营和企业家成长的必要条件，也是突破"企业家困境"的重要举措，更是深化国企改革的关键。企业家是企业的灵魂，民企如此，国企亦如此，让国企的企业家们走出困境可能正是国企保值增值和履行公益责任的要害。

总之，国企改革正值关键阶段，需要研究和讨论的问题也很多，摆正上述坐标的位置至关重要。凡事知易行难，闻道者众，悟道者十，行道者一。智慧和勇气才能使国企改革在十八届三中全会精神的指导下顺畅通达。

（本文写于2018年6月2日）

阿里、京东的经济悖论

互联网经济像一排巨浪翻滚拍打着传统经济的崖岸，呈现出新的历史气势。以阿里巴巴和京东为代表的网络销售挟颠覆的冲击力撼动了传统商业的根基，尽管他们之间竞争激烈互相攻讦，新的商业场景令人激动，但是仔细观察这样一种经济结构层面的深刻演化，再回归到基本的经济规律和商业文化逻辑，却也令人担忧。

互联网是网络与网络之间所串联成的庞大网络，这些网络以一组通用的协议相连，形成逻辑上的单一且巨大的全球化网络。互联网可以将信息瞬间发送到千里之外的人手中，它是信息社会的基础。从互联网的经济特征上考察，有四个特点值得关注：

特点一：互联网信息传递的准确和快速直接使传统社会市场交易中的信息不对称性得到巨大改善，大幅度降低了社会交易成本和风险，交易的有效性提高，总效率明显提升，也促进了消费服务水准的提升，例如无条件退货就很盛行方便。

特点二：这种信息对称性尚无法替代各种交易中介即社会信用体系的功能。尽管网购的信用环境建设日趋进步，如不满意七天退货、评价打分、打假治劣，都属于其信用体系的建设，其便利程度甚至超过实体商业服务，但这些改进与努力同利益的刺激相比仍然不足以使网络信用环境趋于完善。特别是在监管机构没有承担起它们的网络商务监管责任之前，人们在交易之前仍然需要商业银行、投资银行、咨询评估机构、风险评级机构、各种支付机构和工具、各种交易平台、各种专业的信用工具与管理机构，以及全社会各种市场行为的监管机构、金融监管机构等。全社会交易成本仍然高企，说明网络交易不可能回到丛林原则下的简单直接的物物交易，使交易媒介成本趋于最小。各种欺诈、假货、次货和缠讼充斥网络，有些电商平台甚至有专门从事为商家提供优评、减少差评的专业公司，这些现象造成新的信息不对称，社会交易成本并没有明显的下降。

特点三：价格发现的悖论。价格发现是电商最重要的价值，消费者会检索同一种商品的价格和评价进行比价，并且这种比较往往延伸到线下。看着手机淘宝的价格去线下实体店砍价很常见，畸高的价格会失去存在空间。但是网络价格会影响商家的定价决策，一些具有良好技术和产品的原创企业的自主定价受到制约，失去以品质论价的议价优势，长此以往必然造成劣币驱逐良币。

特点四：互联网对市场而言主要是一个渠道，需求传递渠道。供给是生产者和物流的事情。尽管在数字时代背景下，运用互联网和移动互联网的大数据，让生产者和消费者连接起来，强烈而直接的需求信息促进了企业生产的更新换代转型，但显然需求信息是产生于渠道并服务于渠道的，并不能代替或催生出不同的生产过程。渠道的价值、功能和社会作用被放大，会吸引大量社会资本、生产要素和精英人才，这样的偏颇失衡会使以产品为中心的实体企业日渐萎缩，伤及供给侧，最终会将萎缩传染到互联网使渠道萎缩。

从理论上讲信息化技术进步带来了快捷和廉价，但是同时付出了信用的代价，即对各种网络产生的新的信息不对称现象目前仍然束手无策，如果把现实世界中繁杂的监督、标准、知识产权、司法保护这一整套体系放到互联网上去，那互联网的成本优势还存在多少则是存疑的。显然一个缺乏信用体系的网络经济是无法长期存在的。这就形成了一个悖论：互联网的发展可能会最终导致经济甚至互联网自身的衰落。

传统店铺式商业的萎缩对社会人文、社会行为、经济价值甚至对商业模式本身的影响到底如何，需要做出清醒的评估。

当产品为王演变成渠道为王时，社会经济结构便发生了微妙的变化，无论阿里还是京东，本质上就是个渠道，商家可以利用的渠道。这个基于互联网的渠道的确产生了快捷、便利和廉价，消费者欣喜若狂，商家痛快淋漓。从前的商业规则化为乌有，丛林规则痛快而简约，结果是无论阿里巴巴还是京东都成最耀眼的企业，估值直线上升令人艳羡不已。但光辉之后掩藏着的风险和毁灭却不被人们所察觉。

一系列悖论尚需求解：

悖论一：传统商业模式与网络商业模式

网络商业模式对传统商业模式的冲击根除了传统商业模式存在的病痛，获得了方方面面的便利性，但就目前状况而言，也在一定程度上破坏了人类商业文明的根基，尤其是商誉的建设成果。当然许多人说这是科技进步下的创新。但是商誉的本质是信用。信用需求基于信息的不对称。互联网的渠道本质决定了它不能产生技术信用而减少了主体信用建设的成本。由于信息不对称的存在，最基础的社会信用体系是互联网无法颠扑的。如信誉、品牌、商标、专利、发明、著作权、版权、注册制度、上市定价、信息透明、法律救济等。而令人惊讶的是，互联网销售和互联网金融的发展模式在创造各种交易快感的同时也在无情地吞噬这些规则，化信用为实用，化研发为仿制，化品质为廉价，化评估为快捷。这样的强大对实体经济的负面影响是非常深重的。而这种负面影响最终会殃及网络商务自身。

悖论二：物流与包装

在网购推动下的蛛网般细密的物流体系是商业社会的巨大进步，但隐于其后的是惊人的商品包装对社会资源的巨大浪费和消耗。在资源和快捷之间需要做出选择。据报道，2016年全中国快递件达到313亿件，而全球大约700亿件。每一件商品哪怕是一只小酒杯也是需要完整包装的。我相信这除了耗费数量惊人的木材、石油等原材料之外，还会产生大量的污染和垃圾，造成生态环境破坏。电商平台成为祸及生态的根源，当然最终会祸及自身。

悖论三：供给与商誉

广阔的网络市场和丰富的产品供应背后存在着严重的对知识产权的破坏。商誉是需要培养的，包括研发、生产品质的保证、销售渠道的建设和售后服务体系建设等，都需要投入大量资金和人力。不谈商誉积累而只讲商品效用就是耍流氓，不谈产品安全而只讲传递速度就是商业泼皮，只讲廉价而不论物美就是商业弱智。以高仿为荣而嘲笑知识产权保护更是愚昧无知。

悖论四：就业与失业

交易效率提高使人们只看到互联网商业的好处而无视风险；只看到互联网电视与金融促生的巨大创业空间和物流发展带来的投递员就业，却不关注传统商业关闭造成的失业；只看到互联网商业带来的消费猛增和GDP增长，却无视不理性消费、不安全消费、不健康消费带来的社会风险成本。有朝一日，增长不能覆盖灭失，就会带来极大问题。

悖论五：权益保护与风险承担

围绕网络产生的各种收益使人们忽略了风险。由于风险承担不清，索赔和法律救济更加困难，在商业交易中曾经被捧为"上帝"的消费者亦沦为同医院患者、学生家长、城市打工者、乡村留守老幼并列的几大弱势群体。类似于最近作家六六对京东商城的诟病的案例很多，暴露了目前互联网商业及金融平台风险承担不清的现状，也佐证了消费者权益保护的关键在于网络商城的文化水平和社会良知，而同法律规则无关。当然阿里、京东这样的大型网商平台也做了许多努力，淘宝一度假货盛行，近年大有改观。一方面从检索关键词加以限制，除非品牌授权店铺，否则不允许出现该商品名称。阿里还加入了一些与消协、药监局等合作的打假行动，希望利用网络数据过滤发现假冒伪劣产品。但是打假不是一个态度问题，而是制度安排，即商业模式和利益安排与风险承担问题。例如，网商平台需要承担消费者损失，而法律支持这样的追索，阿里和京东才会真正不敢掉以轻心。如果举证责任主要由掌握交易数据的平台商承担，阿里和京东才会做一个合格的市场环境维护者，而不会对消费者的投诉曲意抗辩。在消费者权益保护中，阿里和京东采取差异化服务，如对 VIP 客户可以先行垫付再代位索赔的机制，并不是基于风险承担的安排，仍然是商业模式的延伸，这反而成了商家欺骗普通客户的动力。

悖论六：反垄断与新垄断

网络商业打破了传统商业的垄断却又形成新的垄断。从产品为王到渠道为王，阿里和京东们都在试图扮演全能网络君主的角色。这从二者不断开设新的生活服务板块，力图承包消费者生活的方方面面可以看出，他们均在试图创立一个网络世界的完整的生活社区。在这个过程中，电商在破除垄断的同时也在利用消费数据的不公开现状建立新的垄断，即平台本身的垄断。阿里和京东成了最大的规则制定者，商品和服务如果不依附平台就无法生存。同时，当阿里和京东选择了某些特约商户时，实际上是抑制了其他同类竞争者的发展。一种新的垄断依附关系诞生了。由于电商平台握有海量的数据资源，大量属于公共信息的数据也成为垄断工具和优势，使得一般中小电商无法与之公平竞争。

渠道背后的支付垄断趋势也很明显。支付宝和微信基本形成了典型的双寡头垄断，京东金融也在做类似文章。像支付这种关乎大众生活方式的问题应该有一个相对自由竞争的市场环境比较安全合理。这些寡头企业掌握的海量数据中有大量本身就属于公共数据范围，即使是其可以获得产权的数据也应该遵循透明公开原则。因为数据的价值最大化必须以公开为前提。如果你拥有数据产权，使用者应该付出对价，但拥有者无权独享。否则，这种垄断会成为社会智能化发展的瓶颈。

悖论七：价格发现的悖论

价格发现是电商最重要的价值，消费者会检索同一种商品的价格和评价进行比价，并且这种比较往往延伸到线下。看着手机淘宝的价格去线下实体店砍价很常见，畸高的价格会失去存在空间。但是网络价格会影响商家的定价决策，一些具有技术和设计 IP 的原创商品的自主定价受到制约，加之所谓消费者评价的机制设计由于缺乏真实性过滤，各种水军刷单和强制优评现象屡见不鲜，客观上对客户消费产生不良诱导，亦存在劣币驱逐良币的长远趋势。

阿里、京东的经济悖论是互联网被神话的结果。必须指出，渠道一旦被放大一定会伤及产品。也须了解，风险一旦被忽略一定会伤及整体。

笔者的上述议论也只是经济观察，而不是指责阿里、京东们的商业行为。对于他们来讲，所有的行为都是合法的也是合理的，符合资本的经济属性，只是作为社会治理者来说，如果被交易量所征服，被 GDP 所牵引而忘记了经济增长的结构、收益与风险的平衡，则会带来事与愿违的结果。因此除了要有一个正确的立场不随意为某类经济现象和行为站台背书，更需要在必要的时候通过行政手段对市场的行为划出清晰的边界。

网购作为一种商业文明还需沉淀，假以时日。但我们要当心习以为常的接受可能会承受麻木不仁的后果。或许区块链技术所蕴含的技术信用建设的可能性会给互联网的发展带来新的机遇。

科技与管制可以并行不悖，也可能制造悖论：失去管制的科技会产生魔鬼，管制过度的环境会扼杀科技。欷歔，这世界。

（本文写于 2018 年 3 月 28 日）

银行家的贷款悖论

做了近四十年金融,从来都是按金融的原理和业务流程的要求去思考和行动,没觉得有什么不妥。最近同朋友聊天,人家批评说银行家们其实在许多事情上未明事理,例如贷款,雪中送炭的少,锦上添花的多,似乎有违天理。这引起我对金融伦理的思考,我们贷款到底应该贷给谁?

美国经济学家迈克尔·舍默讲过经济学上的"银行家悖论":如果你贷款给信用记录差的人,你冒的风险就很大,他们可能还不了钱,甚至搞得你破产,风险很大。这样就形成了一个相悖的局面:最需要钱的人,信用风险都很大,因此很难得到贷款,而不需要钱的人信用记录都很好,因此很容易得到贷款。事实上,中小企业和国企在获得贷款方面所处的不同境遇也是相似的写照。

在人际关系上,人在困境中得到的帮助才是刻骨铭心的,患难见真情。"马太效应"所表达的也是类似的状态:越是需要帮助的穷人就越难获得帮助,而有钱有权的高官富商,周围总是围绕着各色"朋友"。一旦权钱消融,朋友便作鸟兽散。

大众常常也不原谅银行,认为银行家都是些图利忘义的家伙。企业越是难过,越是困难,对于银行来说风险就越大,便越是露出嫌贫本色。企业越是资金充裕,对于银行来说就是低风险,收益稳定,便越是露出济富的取向。

那么银行怎样才能履行自己的社会责任，实现社会功能呢？

银行能不能直接拿出一定比例的资金给穷困者贷款然后核销呢？当然不行。因为银行的经营者要对资本回报和大众（存款人）的收益负责。

从经济行为学上考察，要推动各个主体的行为需要协调好背后的利益关系。只有银行与需要贷款的困难者（如"三农"客户和小企业）在利益取向上一致才能使银行真正关心他们的生存与发展。

人际上真正的友谊是某个人对另一个人的存在有着极大的利益或某种利害关系（无论心理的或物质的），才会真正关心对方的生存状态，才会真心地在对方困难时出手相救。

银行家不是圣人，他们要按照银行的规则经营，常常会拒绝真正需要贷款的人和企业。每家银行都有自己的风险偏好、战略目标和信贷风险标准，选择的客户无论怎样修饰也必须符合这些偏好、战略和标准，银行家最终只能对银行负责。那么银行又如何才能践行普惠金融的价值观，帮助那些需要资金而又缺乏良好持续信用记录的个人和企业？

关键在于在银行和这些弱势客户之间建立利益关联或利害关系。脱离这个背景，任何行政或道德推动都不可能持续地引导银行资金流向信用记录相对较差的中小企业和弱势群体。从根本上讲这不是银行的责任。除非政府投入资金改善这些企业和个人的信用状况，如财政贴息或减轻税负，以提高这类企业和人群的资产收益和资本回报。须知所有经济元素都是向符合风险偏好的方向流动，本质上是由回报率决定的。

今天的银行家在处理这个悖论的过程中，有两个渠道可以考虑：一是调整银行的偏好，在贷款结构上安排一部分高收益高风险的额度用于创业者和中小企业，安排一些高风险低收益的额度用于支持"三农"客户和弱势群体客户。当然这样的安排应该得到董事会的认可和监管部门的理解。二是有效履行社会责任，将自己的网点资源、财务资源、智力资源的一部分免费或优惠地用于扶贫、教育、文化、养老、慈善等社会公益项目。

我们既不能要求银行家牺牲资本权益，突破市场规则去履行社会责任，也不能任由银行家唯利是图完全沦为资本的工具，其中的分寸拿捏则需要文明高度与深度的支撑。

（本文写于 2019 年 6 月 26 日）

银行家悖论的解悖

——金融如何支持实体经济

一、银行家的悖论

美国经济学家迈克尔·舍默讲过经济学上的"银行家悖论":如果你贷款给信用记录差的人,他们可能还不了钱,甚至搞得你破产,风险很大。这样就形成了一个相悖的局面:最需要钱的人,信用风险都很大,因此很难得到贷款,而不需要钱的人信用记录都很好,因此很容易得到贷款。事实上,中小企业和国企在获得贷款方面所处的不同境遇也是相似的写照。

大众常常也不原谅银行,认为银行家都是些图利忘义的家伙。企业越是难过,越是困难,对于银行来说风险就越大,便越是露出嫌贫本色。企业越是资金充裕,对于银行来说就是低风险,收益稳定,便越是露出济富的取向。银行家不是圣人,也不是慈善家,他们必须对银行负责。每家银行都有自己的风险偏好、战略目标和信贷风险标准,选择的客户无论怎样修饰也必须符合这些偏好、战略和标准。我们不能要求银行家牺牲盈利性,不管银行死活去履行社会责任,但也不能任由银行家完全唯利是图,沦为资本的工具。为了解决这一悖论,首先需要清楚银行与实体经济之间的关系。

二、银行利润来之太多

在实际经济运行中，金融作为虚拟经济的一部分，与实体经济的关系千丝万缕、错综复杂。但回归服务业的本质而言，银行应当以实体经济为基础并服务于实体经济，从对实体经济的服务中收取与其服务相当的社会平均利润。在收入法核算GDP的分项中我们可以看到2017年全国营业盈余大约是21万亿元，银行业4532家企业从中大约分走2.2万亿元的税后利润，平均每家大约4.85亿元，而工业部门则有规模以上企业37万多家，大约分走7.5万亿元的利润，平均每家只有0.2亿元，相差24倍，如果仅仅看大型商业银行，那这一倍数将变成1000倍以上，银行盈利远远超过社会平均利润。

在产业链中，上游企业的利润就是下游的成本，而且根据产业组织的理论，垄断力量强的环节往往会分走更多的利润。在银行与实体这条产业链中，由于体制原因，银行业长期享受非市场化的利差水平，使中国的银行业犹如实体经济怀中的婴儿，汲取有余而贡献不够，同时伴随着寡头垄断、服务效率差和盈利手段单一等问题。2019年前三季度，商业银行净利润达到1.65万亿元，其中五家大型商业银行利润达到8824亿元，约占全行业一半。而这1.65万亿元中，利息收入占比超过76%。而另一方面，小企业回报率高风险大、大企业回报率低但风险小，房地产回报高风险低、制造业回报低风险高，在没有政策纠偏的情况下，银行的短期选择无可厚非，但这与长期发展目标相悖。从可得的最近数据来看，2017年中小微企业贡献了50%的税收、60%的GDP、70%的专利和80%的就业，其重要性不言而喻。这样的局面更加重了银行家悖论，对我国货币政策的传导和实体经济的发展造成了阻碍。

三、虚拟经济与实体经济的关系

在我国社会融资存量结构中，银行信贷约占八成，是实体经济最重要的融资工具，也是银行家承担更多社会责任的主要原因。而相较美国，这一比例正好相反，他们的社会融资中八成由直接融资完成，因此有很多声音建议提升直接融资规模。无论是直接融资还是间接融资，虚拟经济的整体规模需要与实体经济有最优的匹配，根据蒙格斯智库的测算，二者之比约为16.7∶1时经济增长可以达到最优的效果，称为黄金比例，从2018年数据来看，这一比值目前在18.9∶1，已从高处回落，但仍然在拐点之上（见图1）。目前中国经济的症结性问题之一，就是实体经济难以支撑日趋泡沫化的虚拟经济，长此以往，风险积聚于靠货币超发维持的虚拟地带，终会导致系统性风险。

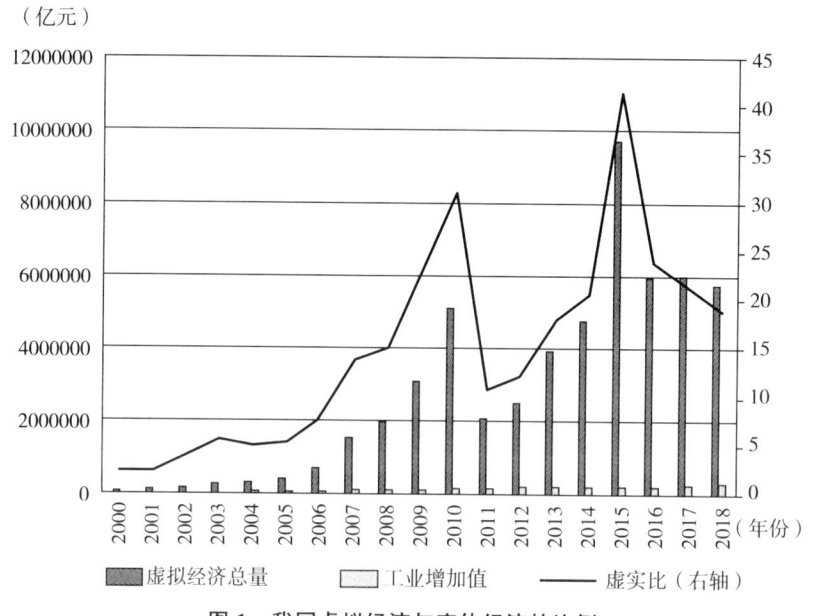

图1　我国虚拟经济与实体经济的比例

资料来源：Wind。

虽然理论界和实务界都感觉到了实体经济与虚拟经济失衡这样一个明显的经济现象,但庞大的虚拟经济带来的经济增长贡献和账面财富在一定程度上蒙蔽了企业和政府的目光,推动各种经济元素涌向虚拟经济领域,加速了与实体经济的失衡,甚至限制和妨碍了实体经济的发展。资金从虚拟经济流向实体经济的过程中,资金在哪些行业或企业多流入、哪些少流入,其影响因素和流程要复杂得多,最基本的规律是:资金流向是由资本回报率决定的,这也是目前虚拟经济与实体经济结构性问题的核心。须知在市场环境下,各种经济元素(资源)的流动方向是由资本回报率决定的。2018年,工业行业平均净资产收益率为4.9%,而商业银行平均净资产收益率为13.14%,房地产的泡沫化升值更是高企不下。在资本回报率的推动下,实体经济与虚拟经济的失衡愈演愈烈,这种相互背离的现象还会继续下去。任何道德号召与行政推动都会事倍功半,特别是类似于"降准"这种增加银行流动性的措施,因为无法从根本上阻止资金向虚拟领域流动,银根的变松,反而使得实体经济陷入更加尴尬的境地。

四、结构性问题与政策

多年以来党中央、国务院一直强调金融要支持实体经济,但收效甚微,主要原因还是实体经济的经营能力和市场环境不够强健。2017年,制造业税收收入约5.2万亿元,制造业企业约有35万家,平均每家纳税1500万元左右,但平均利润仅1900万元左右,比值约为0.79∶1;金融业纳税1.7万亿元,企业数约为5000家,平均每家纳税3.4亿元左右,但平均利润为5亿元左右,比值约为0.68∶1。可见无论是纳税规模还是比例,实体经济制造业的税收负担都要重于金融业。

2018年开始,大规模的减税降费已经开始实施,尤其针对制造业和中小企业的减税,并取得了一定的成效,相信这一数字更新之后能见到明显的效果。但在融资费率方面则仍然不容乐观,中国财政科学研究院

(下文简称"财科院")的降成本报告中对企业融资成本进行了问卷调查，结果显示出了很多结构性问题：

一是国有企业获得的直接融资和间接融资的成本都低于民营企业（见表1）。2018年，在报告样本中，国有企业的平均融资规模为5.9亿元，远高于民营企业的7000万元；此外，国有企业的短期贷款利率处于5.06%~5.17%之间，而民营企业的相应值却位于6.05%~6.14%之间；国有企业的银行长期贷款利率和债券发行利率均值分别为5.28%、5.66%，而民营企业的相应数值分别为6.31%、6.77%。民营企业在银行信贷市场或金融市场中的劣势地位并未发生根本性改变。

表1 国有企业和民营企业的融资成本变化情况

时间	国有企业				
	银行短期贷款利率（%）	银行长期贷款利率（%）	债券发行利率（%）	民间借贷利率（%）	融资担保费率（%）
2016年	5.06	5.27	5.03	7.40	3.69
2017年	5.07	5.29	5.69	7.81	4.00
2018年	5.17	5.28	5.66	7.41	3.79
时间	民营企业				
	银行短期贷款利率（%）	银行长期贷款利率（%）	债券发行利率（%）	民间借贷利率（%）	融资担保费率（%）
2016年	6.14	6.25	6.02	11.38	2.67
2017年	6.08	6.25	6.08	10.65	2.82
2018年	6.05	6.31	6.77	10.90	3.01

资料来源：财科院2019年降成本报告。

二是中型企业和小型企业的银行贷款成本最高，大型企业和微型企业相对较低，融资成本与企业规模之间大致呈"倒V"型关系。主要原因在于：大型企业在信贷市场中更具有议价能力，因而能够获得更低利率；

微型企业受惠于普惠金融政策，也能够以较低利率获得银行贷款。这也是银行家悖论的一种现象。

要解决这样的结构性问题，根本上要让实体经济具有吸引资金的能力和环境，主要的改革措施要从关注总量转向关注结构，在税收上要采取结构性降税减负改革，大幅降低制造业等实体企业、小企业的税率，适度加大虚拟经济若干行业的税负，如金融、电商和房地产。在信贷政策上，也应该做结构化安排，不能停留在降准这样的总量措施上，需要适度降低实体经济的基准利率，直接降低实体经济的融资成本，增强实体经济的市场能力。

从这些问题中可以看出，我国的降成本措施中，财政手段效果较佳，但货币政策方面积重难返。虽然利率市场化已经迈出新的步伐，但仍然需要坚实地继续推进结构性降息：一方面要继续开放资产定价市场化，允许金融机构从产品创新、风险控制等方面创新，使其为中小企业和民营企业融资可以取得与风险匹配的回报水平；另一方面可以考虑采用补贴、减税和定向货币政策等方式，结构性地调整资产价格，使短期利益与长期目标匹配。另外，学界普遍认可中小银行和地方性银行与中小企业和民营企业有更紧密的关联性，因此应鼓励发展中小银行和地方性银行，但需要建立并推广适合其业务模式的风险控制体系，以降低其爆发经营危机的概率。尽管如此，但笔者认为，无论大小银行，都应当以统一的市场准则对待各类企业，改善实体经济的关键，还是要提升实体经济企业的市场能力。

五、其他融资渠道放开

如前文所述，中国社会融资规模存量结构中直接融资与间接融资基本呈二八结构，与美国正好相反。在最近一年多的时间内，社会融资虽然保持了10%以上的增速，但是贷款的增速更快，平均达到13%左右。这表明经济近期迫切的融资需求更多的还是由信贷完成，这与去杠杆的供给侧改革政策相悖。融资渠道的匮乏对于中小企业和民营企业来说更加严重。

财科院的调查也发现,中小企业、民营企业和制造业在融资渠道方面的困难明显高于其他企业(见表2)。

表2 不同类型企业对融资环境转变的主观看法占比

问卷问题	国有企业(%)	民营企业(%)	大型企业(%)	中型企业(%)	小型企业(%)	微型企业(%)	制造业(%)
融资渠道减少,融不到资金,融资难	20.4	26.5	21.7	26.5	23.3	21.8	25.9
借款利率上升,利息费用增加,融资贵	14.8	21.2	28.4	21.6	15.0	13.7	23.0
中介机构服务收费增加,融资贵	0.6	2.4	0.9	1.7	1.3	3.1	1.8
金融机构服务收费增加,融资贵	1.3	2.4	2.2	2.1	1.6	2.3	2.1
其他	0.8	0.8	1.7	0.8	0.8	0.4	0.9
无上述情况	62.1	46.8	45.2	47.4	58.0	58.8	46.3

资料来源:财科院2019年降成本报告。

在中国社会融资增量结构中,人民币贷款占比从2002年的91.86%下降到2017年的71.19%,15年间下降了20个百分点,但信托、保险、证券等融资渠道的发展仍然有巨大的空间。根据学者的研究,经济发展程度越高的国家直接融资的比例会越大。而且在技术水平逐渐达到创新边界的过程中,会有越来越多的大型企业在竞争环境上走入信贷融资"无人区",这就伴随着较大的风险。直接融资由于其风险承担的性质更明确,所以会更好地服务和适应这样的局面。因此,通过赋予实体产业在资本、发债和商业票据等方面的市场能力,提高直接融资比重将会是未来一段时间的自发趋势和改进方向。

六、总结——深化改革

银行家悖论其实并非银行家之过,而是整个社会的结构性问题,尤其是在全社会的利益分配方面。金融好赚钱、资本赚快钱、房地产赚大钱、实体赚辛苦钱、小企业赚小钱,这样的局面不应该再继续下去了。

中国实业中不缺乏伟大的企业家,他们在其所处的细分市场中辗转腾挪、兢兢业业,但辛苦劳作的收入可能还不如倒卖地皮或割韭菜所得。如此局面并非市场之过,而是需要反观我们整体的制度环境。解决上述问题的渠道还是靠深化改革。改革不是口号,而是措施;改革不是改面子,而是要动根本。要更自信地坚持基本制度,更深化地改革运行体制。在改革开放40年之后,下一阶段改革运行体制的最重要发力点就是要触及"体制性利益"。"体制性利益"比过去讲的"部门利益"更复杂,一种体制所形成的利益链既包括部门利益,也包括这个体制下的相关利益。例如银行利润减少,就会整体上减轻银行在国民经济中的核心地位和分量。要从根本上解决实体经济的良性发展功能,就需要从结构上调整税收、利率等政策。这首先就需要财政、税收、银行和资本市场等相关体制利益的调整。这需要深化改革的观念,也需要改革这些体制的评价体系、激励机制和机构功能,惟其如此,才能真正实现经济从高速发展到高质量发展的转变。

(本文写于 2019 年 12 月 10 日)

差异、效率与公平

公平与正义应当像阳光一样均匀普照，无厚无薄；像空气一样广泛弥漫，无分朝野；像河流一样顺势而施，无刻意取舍。公平与正义也是自然赐予的资源，人类如何运用关乎智慧高度。

如何实现社会效率与公平的均衡是任何现代社会治理结构下都必须要面对的问题。效率与公平之间很难找到一个黄金分割点。而效率与公平常常是一对难以调和的矛盾：效率优先时往往会丢失公平，而公平优先常付出效率低下的代价。资本主义社会和社会主义社会之争某种意义上就是效率与公平的比较和权衡取舍。

在效率与公平之间横亘着巨大的鸿沟，那就是天然的差异。如果追求起点的平等，不承认差异，于是社会失去动力从而也会丧失效率。如果追求结果平等，天然差异会造成不平等的结果。机会均等与结果平等到底该如何选择，这是人类文明的一道难题。这难题的核心是如何看待差异。

差异是上帝的杰作和败笔。

没有差异，何来分享？美国政治哲学家约翰·罗尔斯的公平理论中的差异原则值得经济学家借鉴。罗尔斯认为要鼓励那些有天赋的人发展并锻炼自己的能力，不过同时要认识到这些才能在市场获得的回报应当与那些缺乏这类天赋的人通过某种社会治理机制共同分享。差异原则体现一种协议，即将自然才能的分配看作公共资产，并分享这一分配的好处。

差异是客观存在。世上万事万物不可能千篇一律，若如是则是一个死的世界。没有成长，没有区别，没有竞争，没有强弱大小，没有南北东西，没有上下高低，等等，是不可想象的。正因为有万花筒般的差异，世界才有变化，才有成长，才会有精灵古怪的故事，才会有色彩，才会有惊奇。所以差异是上帝的杰作，其鬼斧神工的细腻设计让人惊叹不已。

但差异也是上帝的败笔。它会使人类理想中的公平无法绝对实现。差异是遍布每一个角落，牵涉到每一个人和每件事物的现象，现有的文明制度无法使每个人在任何地方、任何时候及任何事物上都享受到公平的待遇，而且几乎也不可能产生这种境界的社会管理能力。因此，差异所造成的不平等几乎是绝对存在的现象。在这个意义上讲，上帝的能力也是有限的。

但最基本的公平应该得到实现，如法治下的自由、充分的民主权利、劳动机会及报酬。最重要的是公共财富的分享，尤其是良好的社会福利和保障制度。通过税收和财政分配制度，使每个社会成员无论存在身体、心理、技能、素养、地区、职业等各种差异，都能在社会财富能力的范围内得到安然度生的尊严。

在良好的社会福利保障制度下，以承认差异和适当的激励来维护效率的动力，使得能力强、贡献多、有突出技能的人创造更多的财富，从而可以像罗尔斯所说的那样拿出一部分财富让能力弱的社会成员分享，这大概是当今世界文明环境下比较理想的处理差异、效率与公平三者之间关系的方式。

在这个方式的实施过程中，政府扮演了设计、操作并维护秩序的重要角色，如何使政府忠实地扮演这个角色，则有赖于哲学家、经济学家、政治家的智慧和民主法制建设成果。

（本文写于2015年8月20日）

差异与发展的悖论

在《全球最大的风险源是公平失衡》中我写到这样一段话:"当然这里有个悖论:没有差异就没有发展动力,但差异越大社会破坏力越大,终将毁灭发展成果。这是人类社会面临的挑战性最强的风险。如何找到维持这个悖论的微妙平衡,减少这个悖论带来的发展不确定性是对人类智慧的严峻考验。"这里讲的悖论是一个值得研究的经济学和风险原理问题。这个悖论是否成立呢?

我以前认为悖论是相向对立的事物。百度上说,悖论是表面上同一命题或推理中隐含着两个对立的结论,而这两个结论都能自圆其说。悖论的抽象公式就是:如果事件 A 发生,则推导出非 A,非 A 发生则推导出 A。悖论是命题或推理中隐含的思维的不同层次、意义(内容)和表达方式(形式)、主观和客观、主体和客体、事实和价值的混淆,是思维内容与思维形式、思维主体与思维客体、思维层次与思维对象的不对称,是思维结构、逻辑结构的不对称。悖论根源于知性认识、知性逻辑(传统逻辑)、矛盾逻辑的局限性。产生悖论的根本原因是把传统逻辑形式化、把形式逻辑普适性绝对化,即把形式逻辑当做思维方式。所有悖论都是因形式逻辑思维方式产生,形式逻辑思维方式发现不了、解释不了、解决不了的逻辑错误。所谓解悖，就是发现、纠正悖论中的逻辑错误。

上文提到的找到某种微妙的平衡，就是解悖的一种方式，就是用事物的本质来覆盖形式逻辑的局限性。在许多有名的悖论中有些是无法解悖的，如先有鸡还是先有蛋。两分法悖论却可以得到解释：因为一个运动物体在到达目的地之前，必须先抵达距离目的地之一半的位置。

《庄子·天下篇》说："一尺之棰，日取其半，万世不竭。"其实此悖论的解释如下：此悖论在设立时有意忽略了一个事实，那就是从 A 到 B 的"运动"必须是一个时间相关的概念，而不仅仅是距离的概念。也就是说如果运动的速度为 0 的时候这个悖论为真！但是一旦运动起来，必然有一个速度，速度等于经过的距离除以历经的时间。什么时候速度为 0 呢？一种情况是距离为 0，根本没有必要动；另一种情况大家一般会忽略掉，就是经历的时间趋近于无限，不论距离多大，只要是一个固定值，那么速度就是 0。于是悖论就成立了。此悖论虽然没有提及时间，但是却故意掩盖了时间这个因素。

一篇文章的标题是：只有骗子是真心的，因为他真心骗你。这也是一种悖论。这个悖论的形式逻辑掩饰了骗子与常人的区别这一元素。

在社会经济发展过程中，差异是社会发展的动力，扩大或缩小人与人、企业与企业之间的差距，构成了各种创造的动因。没有差异的世界犹如一潭死水，就会失去变化。这是历史证明的原理。但差异带来创造，产生财富，财富的分配当然也有差异。当财富差距太大时，客观上便存在不公平。无论每个个体是否尽了努力，如果差距太大，穷人对社会现状的破坏动因就会很大。差距越大，创造财富与破坏财富的动因都会增大。这个悖论揭示了人类社会发展中的困境。

如何解悖十分重要。在这个差异所形成的创造与破坏的悖论中，被掩饰的元素是财富差异双方即贫富双方的共同愿望，只要双方在财富的分享中都处在受益地位，这个悖论就只是一个形式逻辑趋势而不是实际发生的冲突。这个悖论趋势的稳定需要社会治理结构能够抑制过分的富裕和过度的贫困。在社会发展动力上持续保持足够的力量，而又使社会破坏力限制在社会承受能力之内。

所以无论何种理由下，过大的贫富差距都是没有理由的。"朱门酒肉臭，路有冻死骨"虽然是一种文学煽情，但显然是社会不公平的写照。贫困会带来很多麻烦，很大的破坏力，"贫贱夫妻百事哀"，只是家庭的生活悲情，贫贱社会百事闹的负能量便是社会动荡的根源。

良性的社会治理结构从法律制度、文化观念、道德修养的诸多方面都应该认真保护社会财富，既要保护公共财富，更要保护私人财产，既要保护富人的法律权益，又要筑高贫困的底线。以差异推动社会进步、以公平抑制社会动荡，富人要多纳税，对财富的享有要有道德节操，也要有法律边界，不能为所欲为。穷人应少纳税，对公平的追求要尊重法律的底线，不能以道德突破规则。

悖论有逻辑局限，解悖需法治文明。

（本文写于 2016 年 10 月 11 日）

全球最大的风险源是公平失衡

20世纪是人类历史上科技进步、经济发展和财富积累速度最为惊人的世纪。20世纪的科技发现、发明与工业创新层出不穷，工业、农业、海洋开发、航空航天、卫生医疗、计算机及网络、智能化等各种神奇的发明创造似乎证明人类的智慧无所不能。科技进步带来了经济的高速发展和财富的急剧积累。但财富也带来了新的问题，围绕财富的产生和流转，人类社会的矛盾和冲突越来越多，也越来越广泛，除了两次世界大战，在冷战环境下爆发了古巴冲突及朝鲜战争，许多国家的民族独立、解放与无产者革命也轰轰烈烈。苏联解体后仍然爆发了南斯拉夫、阿富汗、伊拉克、叙利亚等局部战争。西方国家同伊斯兰教的冲突被亨廷顿解读为文明的冲突，但"9·11"事件以及随后的ISIS崛起，使恐怖主义成为弱小对抗强大的残暴但的确有效的手段。尽管美国学者福山高度肯定西方的民主制度为最完美的体制安排，是"历史的终结"，但世界并未进入和谐相处、炊烟袅袅、鸡犬相闻、相敬如宾的大同境界。伴随科技进步与财富增长的却是长期存在的全球性浮躁、喧嚣与各类冲突，说明这个世界的现状存在着某种我们没有意识到的问题、我们没有意识到的风险源。

人们为什么争吵不休？表面上看战争与争执都有其直接的原委，但一定存在一个驾驭这些冲突的共性原因，这个被我们忽略的原因导演了一幕幕悲剧式的风险事件，而我们却视而不见。下面这些资料或许是一些重要的索引。

联合国全球契约组织2016年实现可持续发展目标报告指出,全球贫富差距日益扩大。富人越来越富,穷人越来越穷,国家内部和国与国之间的收入差距正在扩大。目前,最富裕的1%人口掌握着全球一半以上的财富。

事实上全球基尼系数已达到0.7,远超0.4的国际警戒线。中国的基尼系数已接近0.5,在0.47左右。从恩格尔系数的角度看,大部分国家的系数超过30%,数十个国家超过60%。这世界上的一部分人和少数国家过着大部分人和大部分国家无法想象的富贵生活,而另一部分人和国家的生活却正相反,仍然在极端贫困中挣扎。

与此同时,据专题报告揭示,当今世界商业格局面临着前所未有、日趋升级且错综复杂的风险与机遇。每个经济体的各行各业都面临全新的挑战,还要应对瞬息万变的经营环境。而人类活动正在对全球环境造成负面影响,导致气候变化、森林退化、生物多样性丧失、海洋酸化、土壤退化以及环境污染等后果。世界正在进入资源压力加剧期。到2050年,满足人类的消费需求将需要三个地球的资源。人类生活的基本要素水、食物和能源正承受巨大压力。

报告认为,人口增长、资源稀缺或全球健康威胁等大趋势正在迅速改变市场结构。例如,到2030年,全球用水需求量将超过当前供水能力的40%,社会越来越期望企业承担起应对地球资源和人口压力的责任。前瞻领先的商业领袖和投资者,逐渐意识到企业仅仅关注自身短期利润是不够的,因为自然灾害、社会动荡或经济差距、资源消耗等外部因素将危害经济长期繁荣。这份报告说明,全球的资源公平分享越来越成为全球治理秩序的重要内容。

我们从外观印象上也明显地感觉到欧美发达国家与非洲、亚洲大部分国家、拉美国家、中东国家之间在生活环境、资源分享及生活质量上的差异。

从上述分析可以窥见两个重要信息：一是全球贫富差距的严重程度和由此造成的社会不公平程度日趋严重。无论朝鲜问题还是伊斯兰问题，背后都有贫富差距的背景。二是人类生存资源的急剧消耗。由于贫富差距的原因，人类群体分享资源的状况也越来越显示出当代和代际的不公平。富人和富裕国家可以挥霍无度，而穷人和穷国则在为生存奔波。无论中国南海问题还是英国北海问题，背后都是资源分享问题而导致的赤裸裸的争执。在笔者看来，这两个问题可能是当今世界诸多问题的根源。公平失衡的社会，"刁民"丛生，法律秩序难以稳定，公平失衡的世界，各种冲突难以平息，不断挑战世界秩序。

当然，没有差异便没有动力，也就没有发展。但是这种差距在多大范围内是人类文明进步所能接受的呢？科技进步、社会发展带来巨大财富，但在财富与教育医疗等基础资源上出现巨大的贫富差距是当今世界的恐怖主义、民族宗教冲突、民粹主义、革命思潮等极端现象的深层根源。人类社会在科技进步与财富创造的同时并没有同步安排好财富分享的公平。上百年来，公平没有像获取财富一样得到重视，种下了许多极端事件的恶果。

当然，这里有个悖论：没有差异就没有发展动力，但差异越大社会破坏力越大，终将毁灭发展成果。这是人类社会面临的挑战性最强的风险。如何找到维持这个悖论的微妙平衡，减少这个悖论带来的发展不确定性是对人类智慧的严峻考验。如果所有的科技进步所带来的财富并不能改善或提高大多数人的生存环境，那么这种进步的意义到底有多大呢？这的确是需要回答的问题。

法律体系是一定的社会环境与文化历史的沉淀，反映一定的自然规律和社会规律。法律的神圣性和权威性取决于在价值取向上是否符合自然规律和社会规律的方向。公平正义是自然法的基本原则，失去公平正义的社会，贫富差距悬殊的世界，基本的秩序就难以维持。

人类社会总是在效率与公平之间寻找平衡点，一国的法律体系和世界的格局秩序扮演着维护这个平衡点的卫道者，一旦这个平衡点离开公平正义很远的时候，法律就应该做出调整，一旦世界的贫富差距太大时，世界格局与秩序也需要调整。

所以，我们要做的是：透过评价现行世界经济秩序的后果，衡量财富分享与公平正义之间的支点，既保持一定的差异动力，又不颠覆现有秩序，既能通过差异推动科技文明的进步，通过市场竞争实现财富的积累，又能通过税收和行政管理杠杆保持财富分享的基本公平，把富者与穷者的财富差距稳定在合理范围内。让那些买私人飞机的富人多纳税，而无法生存的人们能得到政府补助。通过累进税率的实施和对行政权力的约束，公平正义与有效发展必将像阳光一般照射世界并温暖每一个人。

这个世界所有的问题归结起来就是两件事：一是生殖繁衍，二是生存发展。前者需安置好人性，后者需安置好财富，把这两件事处理好就会天下太平。这两件事处理不好，发达的科技与工业文明终将酿成人类的灭顶之灾。

（本文写于 2018 年 5 月 12 日）

患寡与患均的伦理陷阱

不患寡而患不均是孔子名言。孔子在《论语·季氏第十六》中说："闻有国有家者，不患寡而患不均，不患贫而患不安。盖均无贫，和无寡，安无倾。"年轻时读此议论，十分佩服孔子的政治智慧，斯言是也，铭记于心。但人生阅历渐多，阅读渐广，思考愈深，方觉此论不过劣等政客之论，官场圆滑之计，道德混淆之始作俑者。

在企业经营之道里，若依此论，则吃大锅饭，抑制差异，平均主义最为妥当。至于改革进取、精益考核、市场竞争、人才竞技等束之高阁，才会有任期内的"均无贫，和无寡，安无倾"的精神胜利局面。

为政一方，若依此论，则不与人为先，各方平衡，少改少动，安贫乐道，一团和气，以寡求和，以均抚贫，维安护倾，维衡求稳，最为妥当。虽然进取不足，但通世经故，一方平安稳定，抱残守缺，弃多守一。积累时日，升职有望。只是有所作为，为民造福的宗旨恐怕难以达成。

不患寡而患不均的定律时行了两千多年，今天听来之所以仍觉得透着某种智慧，恰恰说明社会演进的结构性变化不大。反而在当代，历经四十余年的改革开放，中国终于确定了社会主义市场经济的发展方向。市场的要义是竞争，市场的最大杠杆是逐利，发展的主要目的是社会成员的财富增长，而患寡还是患不均在现实生活中存在着某种背反的规律，犹如熊掌和鱼，难以兼得。这就对社会各界管理者提出了一个伦理道德的追问：患寡去创造新的财富还是患不均而维持贫困的均衡。这是一道有关伦理取向的选择难题，或者说是横亘着的陷阱。

患寡者，则要打破平均，承认差异，以差异激励进取，焕发社会活力，促进社会财富由寡而渐富。但这要冒失衡的风险，弄不好，影响决策者的乌纱。

患不均者，实则患自身地位的稳固。为己之计，当然要实施以均为主的方略，至于发展，常徒叹奈何。

两种选择，道德已见高下。

在社会风险管理中需要限制和防范一些以推卸责任为目的的管理者防御性决策。防御性决策常常不是最优方案选择，而是次优甚至劣等的选择。患不均的伦理出发点，为这样的防御性决策提供了道德依据。

孔子在两千多年前具有这样深刻的思考，的确是先贤圣师。但现代社会治理和公司治理，金融机构经营，都需要迈过孔子时代的"寡均伦理陷阱"，从这种古人的低级思维方式中跳出来，面对问题，一路前行。

（本文写于 2019 年 7 月 17 日）

进与出的不同逻辑

人们对事物的直接反应看起来是本能的或程式化的，但其背后的本质仍然是利益驱动下的安排。只不过所依据的观念和由此而产生的逻辑不同，才会有不同的反应。即使是最本能的反应也是天择物竞的自我保护。同样一件事情，如果观念和逻辑不同，就会产生不同的应对。经济生活中概不例外。

所以，对任何事情都不必差强人意地给予道德抨击，优劣区分。分析原理与逻辑，观察结果，才能优化选择。

在经济生活中，目前主流社会有两种思想背景：一种是市场经济观，即主要由市场自发决定经济资源的配置；一种是经济政策观，即主要由政府统筹规划配置经济资源。前者的逻辑是承认世界的不确定性，相信市场无形之手的力量，在这种制度下等待事物的结果，无论好坏。后者的逻辑是追求事物的确定性，相信行政力量的理性和强大，在这种制度下引导事物出现好的结果。

举几个例子来分析：

人才流动的进与出。一些单位和地区，为了吸引人才，实施许多优惠政策，栽下梧桐树，只等凤凰来。这固然有用，但许多管理者持很深的政策配置观念，常常对人才外流持厌恶态度，往往加以行政限制。但以市场逻辑论，其实人才流入更多地决定于能不能不受限制地出去。跟市场贸易一样，交易必然是相互的流动。而政策充满不确定性，如果只进不出，则会预期不稳，令人望而却步。

高速公路的通与堵。人性是复杂而不确定的，所以市场的观念需要洞察人性对利益的敏感程度。前些年的一个黄金假期，习惯于行政权力配置资源的官员们为了假期高速公路的通畅，决定假期所有的高速公路暂停收费，以免收费站成为堵车的关卡。但政令一出，事与愿违，那个假期所有的高速公路都堵成了停车场。官员们忽略了取消收费是一个市场行为，背后的动因源于人的趋利性。由于免费，趋利的动力使大量的车涌上了高速路，好心制造了堵塞。

外汇的进与出。近年来随着外汇储备的波动，外汇头寸尤其是美元趋紧。于是外汇管理部门采取一系列措施限制外汇的兑换取用和出境。显然，市场对这些措施的第一个反应就是不再让外汇进入。这就形成了恶性循环。其实外汇储备的增长和外汇头寸的充裕依靠各种进出口交易的增长。简单地限制出，必然会减损进，效果适得其反。

房地产限购的卖与买。由于土地财政的根本原因，推高了房地产价格，于是政府采取强硬的政策，限制房地产价格，限制购房资格，从而限制了房地产交易。看起来一段时间内房价趋稳，但市场给出的结果是交易量停滞，刚需积压，影响了经济基本面。土地价格降不下来，房价无法真正降落。一旦限购松动，被抑制的刚需释放，而供给并未增加，房价反而会攀上新的台阶。如此反复，恶性循环。

金融监管的紧与松。前几年，由于金融市场活跃，监管滞后，互联网金融一哄而起，影子银行泛滥发展，积累了大量风险。中央顾忌系统性风险的滋生，要求加强监管。于是资本市场、信贷市场、货币政策、财政政策同时趋紧，共同采取政治正确的取向，却丧失了宏观调控的功能组合效用，造成市场恐慌萧条。更甚的是这些监管直接干预到金融商业机构的具体交易，而这些不承担风险、不承担责任的监管是防御性决策的产物，无法回应市场需求，反而与市场脱节。

垃圾分类的管与分。真是形势比人强。最近垃圾分类闹得很热闹，虽然是上海市发端，但实际上是全国的一次推动垃圾分类的行动。以前我们熟悉的不可回收与可回收垃圾分类突然变成了干垃圾与湿垃圾的分类，且不说这种分类明显是为城市管理垃圾者提供方便而不是为个人与家庭处置垃圾提供方便。干湿之分与文明无关。不能设想每天每个人要花很大精力把垃圾细致区分然后分别包装再送入垃圾桶。显然这是荒唐而不可思议的行政强制。这种做法的逻辑是依靠行政力量的强大而相信每个人都能有非常科学与卫生的日常行为。但是从市场思维方式与逻辑看，各种垃圾是生活质量和成本的残渣，如果个人需要花费大量的成本包括时间去处理垃圾显然就陷入了生活与垃圾的悖论。只有集中分类、集中处理，对社会和个人才是最经济的。对于集中后的分类处理，相信技术上并不是难题。

可见，政府禁令太多从规范市场秩序的目标出发却常常导致市场混乱和效率的降低。

市场的逻辑与政策的逻辑各有效用，交错运用，效果常常适得其反。行政手段用多了，不经意间，又会落入上世纪"一放就乱，一乱就收，一收就死，一死就放"的陷阱，决策者需要明察。否则，好心办了坏事，在道义上也会跌下制高点。

（本文写于 2019 年 7 月 2 日）

肆 数据与算法

如何看待比特币

一、电子货币与传统货币

几年前我读凯文·凯利的《失控》一书，注意到他谈到货币的未来时，说过未来电子货币会促进货币的私有化，可能企业会成为网络上电子货币发行的主体，当时心中有些疑惑。不久有机会跟他面聊，请教他为何这么判断，但他并未做出清晰的解释。最近在中国虚拟货币被央行封杀，风行一时的比特币价格暴跌，虽然议论纷纷，但大多数人对比特币的技术背景并不了然，对货币的经济原理亦不知其所以然，故议论多为惊讶并无深究。利益受损者当然会发愤懑之声，但也无可奈何。

我觉得像比特币这样的货币现象是值得做一番货币原理及相关法律原理上的讨论。

传统的货币理论对货币的定义是：

货币CCY（Currency）本质上是一种所有者与市场关于交换权的契约，根本上是所有者相互之间的约定。吾以吾之所有予市场，换吾之所需，货币就是这一过程的约定，它反映的是个体与社会的经济协作关系。货币的契约本质决定货币可以有不同的表现形式，如一般等价物、贵金属货币、纸币、电子货币等。它可以用作交易媒介、贮藏价值、延期支付标准和记账单位。实物货币是专门在物资与服务交换中充当等价物的特殊商品，是人们的商品价值观的物质附属物和符号附属物。在现代经济中货币区是指流通并使用某一种单一的货币的国家或地区。不同的货币区之间在互相兑换货币时，需要引入汇率的概念。在现代经济中，货币起着根本性和基础性的作用。

任何经济交易都在国家主权范围内进行，所以现世各种流行的货币都是主权货币，即国家政权授权发行的货币，以此来保证交易价值的最终实现。也就是法定货币。当我们在讨论任何货币问题时，主权货币是一个理论和实务的前提，人们会不自觉地在这种洗脑般的前提下谈论货币问题。

但是从货币的一般经济含义看，其实同主权是没有内在关联的，它只是交易者之间达成的交换契约。所以主权货币只是历史现象，因为市场被划分，产生了不同的货币，人们通过汇率调整来实现不同货币之间的价值平衡。尤其是纸币印行之后，虽然金本位依然存在，但纸币的价值信用很大程度上靠政权提供保障。

但互联网改变了这种格局。

网络上的电子货币本质上并不受主权影响，但使用各种电子货币的账户却都归属于具体的主权国度，因此仍然需要通过汇率来交换不同国度账户的主权货币，以实现价值支付。互联网是一个没有国界的虚拟世界，主权货币的交换毕竟不是最佳选择，所以创造新的网络货币是势所必然。只是这种货币要满足支付安全、交易双方认同、货币产生流程严密等技术条件。以区块链技术为基础的比特币等虚拟货币的出现正是这样大背景下创造网络通用货币的探索，方向是正确的，也是网络交易日益增长和复杂化的必然选择。封杀虚拟货币只是一种基于主权货币立场而采取的鲁莽行动。

虚拟世界不可能脱离现实世界而存在，但虚拟世界却是与现实世界对称的客观独立的存在，必然会产生不同于现实世界的治理模式、运行机制和原理。

同样面对虚拟货币的热潮，一些国家则采取了更加理性包容前瞻的做法。据《参考消息》2017年9月11日报道，在日本，日本央行和金融界积极利用安全数字货币的意见正在扩大。俄罗斯央行已经宣布，将开发利用"以太坊"技术的系统。瑞典将于2018年底决定是否发行"e克朗"，爱沙尼亚将发行自主的"爱沙币"，荷兰、加拿大、英国的央行也启动了研究。我们还知道，除了泰国、墨西哥采取了坚决的封杀措施外，菲律宾是首个给予比特币正式"金融地位"的国家，德国是世界上首个承认比特币合法地位的国家，加拿大承认比特币的"货币地位"，阿联酋颁布虚拟货币禁令（但或将变更），韩国正在加强监管和反洗钱调查。尽管这些举措仍然是企图保护主权货币在网络上的地位与作用，但就全球而言总体上持谨慎开明包容的态度。

二、比特币的前世今生

比特币的诞生

在网络上进行交易当然需要支付对价。在网络技术没有突破之前，网络支付只能使用网下的法定货币单位，通过汇率折算，依据网下银行的账户进行电子化的数字支付。货币随着互联网虚拟世界的完善和交易的频繁复杂而延伸和扩展。信息流到哪里，货币也会紧随其后。由于互联网发展方向上的去中心化、分布式的本性，在没有国界的互联网上产生私密性和安全性的数字货币和点对点的支付系统已经是必然的事情。可以预见，数字货币及其经济机制，将会重新构造我们的经济、通信、支付、储蓄以及相关的知识体系，拒绝是不理智的，也是滞钝的。

当然，也不能是随便制作一个网络产品取个名字叫某某币，那就是网络货币了。它需要符合货币的基本原理。

正因如此，早在1982年，大卫·乔姆（David Chuam）提出了不可追踪的密码学基础上的匿名现金支付系统的构想。1998年，戴伟（Wei Dai）的论文阐述了一种匿名的分布式电子现金系统b-money，与此同时，Nick Szabo发明了bitgold，提出工作量证明机制，用户通过竞争性地解决数学难题，然后将解答的结果用加密算法串联在一起公布，构建成一个产权认证系统。Hai Finney则把该机制完善为一种可重复利用的工作量证明。2008年8月18日，Bitcoin.org域名被注册，该注册商允许用户匿名注册域名并且支持使用比特币付款。

2008年，一个化名为"中本聪"的人在一个隐秘的密码学论坛发表了比特币蓝皮书：《比特币：一种点对点的现金支付系统》。比特币的概念就此诞生。

2009年1月3日，中本聪在位于芬兰赫尔辛基的一个小型服务器上挖出了第一批50个比特币。所谓挖，其实类似于法定货币金本位下的炼金，比特币经过复杂的算法和私密规则，具有不可替代、不可侵犯、不可否认、不可超规则生产的技术特点。

我们不妨把网络货币体系设想成类似于法定货币体系的金本位制，而比特币扮演的是网络黄金的角色。由此还会产生各种不同用途的网络数字货币，未来，人们可以使用比特币对网络交易进行点对点的支付，或者用其他具有信誉的网络货币折算成比特币支付。事实上这些现象已经出现，只是在中国还存在认知障碍。

比特币的发行原理

与法定货币相比，比特币没有集中的发行方。比特币在整个网络中每十分钟发行一次，新比特币在每个网络节点解决了一定的数学计算后生成，并奖励给获得答案的人。比特币的生产速度随着总量增加而周期性地减半。

理论上比特币的总量是2100万枚，根据周期性产量减半的速度来推算，大约到2140年比特币将会被全部挖掘出来。这些总量有限的比特币与资源同样有限的黄金颇有异曲同工之处。这个过程其实同现实世界从丛林时代的贝币、铸造的刀币及后来形成的金本位制度等过程十分相似，都是要寻找到一种社会认可并且自身具有价值的一般等价物，以方便交易与支付。由于比特币的特殊地位，它极有可能扮演黄金对于货币的一般等价物的作用。当然，也可能是别的网络货币，如以太坊就是比特币的有力竞争者。

三、虚拟货币并非洪水猛兽

从广义上来说，虚拟货币指所有的非法定货币，包括各类游戏币、积分等；从我们一般的理解来说，虚拟货币主要是指比特币之类的加密数字货币。

目前已经问世的虚拟货币主要有：

（1）比特币。作为第一个被创造出来的数字货币，比特币最先被社会所接受。

同样是网络产物，相比起其他模仿的山寨币来说，比特币的优势在于它本身就是区块链理论和数字货币的代表，其地位与价值不能用市场价格来衡量。

（2）山寨币。比特币的出现对全球金融界造成的影响是轰动性的。由于比特币的开源性，大量模仿或者直接复制比特币代码的数字货币纷纷出现。这些数字货币被国内称为山寨币，即"山寨比特币"。它们弥补了比特币数量不足的缺点，但是同时又造成了数字货币的泛滥，所以大部分的山寨币是没有价值的，仅有少数山寨币（如莱特币等）被公众认可接受，但是认可程度也远远不及比特币。

（3）企业币。企业币是由企业发行的数字货币，它与比特币或者山寨币相比是完全不同的。

比特币与山寨币是去中心化的，完全由网络节点生成的，价值是由大众接受认可程度决定；而企业币是由中心企业发行的，价值是由发行者来决定的。这类似于现实世界中企业发行股票、债券或开出商业票据，映射着发行企业的价值。在我国，发行企业币是不合法的，因为这种行为相当于绕过监管部门发行证券。经常有一些犯罪分子利用大众对虚拟币的不了解，用空壳公司发行所谓的数字货币来骗取钱财。这也同货币监管部门并未深入研究缺乏有效监管有关。

从以上论述出发我们再来观察 ICO。ICO 是指首次代币发行，其称呼来源于股票市场的首次公开发行（IPO）。ICO 本质上就是一种针对区块链技术项目和加密数字货币的融资行为。也是通过出售股份来筹集资金，ICO 发行的代币也归于企业币一类。其实就相当于在互联网上的股票发行活动。ICO 当然也有风险，有投机、炒作，但简单封杀恐怕是基于法定货币观念的本能反应。

挖矿的问题

通常来说，获得比特币或山寨币的方式有两种：第一种是在比特币交易网站，用流通货币购买他人手中的比特币；另一种就是挖矿。

挖矿，就是通过付出计算能力来换取虚拟货币。以比特币为例，大约每 10 分钟，世界上就会多出一个比特币记录数据块，所有的挖矿设备都会尝试通过运算破解和生成这个数据包，成功了，就会获得一定数量的比特币报酬。根据规则，起初破解一个数据包，报酬为 50 个比特币，每 4 年报酬减半，现在破解一个数据包，报酬为 25 个比特币。虽然比特币的数量在减少，但是由于比特币的价格持续走高，挖矿的收益依然诱人。一项统计数据显示，比特币矿池算力排名榜中，中国以 81% 的哈希算力高居榜首，冰岛以 5% 紧随其次，随后依次是日本 3%，捷克 3%，格鲁吉亚 2%，印度 2%。这也意味着，新出产的比特币大部分都在中国。

投资与投机的问题

数字货币的投资与投机在概念上很接近，但是其意义是截然不同的。其相同点在于二者都是通过流通货币购买数字货币来完成的投资行为。

其不同点在于，投资更多的是长期持有，早期的比特币投资者如今持有的比特币价值已经是天价；而投机是短期持有，通过短期内的价格波动来获取收益，但是这种行为的风险性是巨大的，因为比特币的价格十分不稳定且没有涨停跌停限制。这些行为在网络市场经济中与现实经济世界中的行为并无本质区别，不必大惊小怪。

数字货币的价格与市值问题

数字货币本身是不具备价值或者价值难以衡量的，但是因为区块链技术的安全性和规则的复杂程度及技术高度，就像在现实世界开挖金矿一样，使得比特币成为稀缺资源而得到了部分人的认可，从而具有了自身价值，导致数字货币在一些场合可以与法定货币兑换。虽然目前数字货币的价值只能通过其兑换法定货币的价格来体现，但这种定价模式早晚会发生改变，在网络上形成与法定货币相对脱离的货币体系。如其他货币与比特币挂钩，确定其币值进行支付。而比特币与法定货币挂钩，确定相应的汇率。

数字货币的整体市值一直呈现膨胀的趋势。目前在 coinmarketcap.com 网站上有一千多种在交易平台上交易的数字货币，这些数字货币的总市值已经接近 1500 亿美元。市值排名前 5 的数字货币分别是比特币、以太坊、比特币现金、瑞波币和莱特币。其中，比特币的总市值高达 703.87 亿美元，以太坊的总市值高达 283.9 亿美元，最近比特币硬分叉分裂出来的比特币现金总市值也达到了 91.55 亿美元。这 5 种数字货币总市值接近 1200 亿美元，占所有数字货币总市值的 99%。这些网络货币的价值并不是炒作的噱头的结果，而是复杂艰难的算法和日以继夜的计算劳动所赋予的价值。这是它们成为货币的基础。所以网络虚拟货币的趋势是很难阻挡的。

在虚拟货币出现的初期，人们把眼光盯在社会各界对其认可过程的不确定性上，因此而产生一些投资和投机行为，而这正是非主权货币的特点。当这些虚拟货币具有稳定的价值后，它们的支付和财富储存功能就会得以完全实现而成为真正的网络货币。

在某种意义上说，比特币更具有货币特征，它要付出特别的劳动如计算才能产生，而且是交易双方认可即契约化的支付货币，更符合市场属性，也就更利于市场资源的配置效率和运行效率。可以想象的是，摆脱了主权约束的货币可能才是真正没有主权边界的互联网经济所需要的货币。当然这个产生与成熟的过程是痛苦、烦恼且漫长的。延迟这个过程并不能减免这些痛苦，反而会使一国的互联网经济战略无法推进到必须的深度，失去互联网上的各种制高点。就像现实世界中我们在工业革命后错过了上百年的历史机会造成晚清以来的落后被动局面。

试想，作为全球第二大经济体的国家，在互联网世界没有巨大的网络货币储备，而不得不占用大量主权货币去兑换比特币等网络通用货币那将是怎样的局面？

比特币的风险事件

但是在这期间，也曾经遭遇了数次极端风险事件。比如 MtGox（门头沟）事件。

比特币的出现催生出了很多专业的交易平台，其中有一家比特币交易平台名叫 MtGox，中译名被戏称为"门头沟"。这家交易所位于日本东京，早在 2010 年就开始开展比特币交易业务，是最早参与这项业务的平台之一。由于其参与早，竞争对手少，当初一度成为世界上最大的比特币交易所，其交易量占据了全球的 80% 之多。2014 年 2 月，MtGox 在网站宣传停止交易并随后申请破产。网上一份文件透露了其倒闭的直接原因：由于受到黑客攻击，总计75万枚比特币失窃，按照当时比特币的价格，这些失窃的比特币价值约为3.5亿美元。而以现在的价格来看，75万枚比特币价值大约为31亿美元。对于失窃原因，到目前为止，尚未有明确论断，网络上众说纷纭，最主流的说法是少量比特币遭到黑客窃取，而更多的比特币被平台内部人士盗卖。

MtGox的破产导致大量投资者开始担心比特币的安全问题，比特币价格在短时间内大幅下跌。2017年7月，MtGox的前CEO在日本出庭受审，但是投资者索赔的希望仍然渺茫。

比特币硬分叉问题

币圈最近最热门的话题之一是比特币扩容导致的硬分叉。

比特币扩容问题可以追溯到比特币诞生初期，中本聪最初设计的区块大小上限是32M，由于早期节点少算力低，经常遭到DDOS攻击，为解决这一问题，中本聪将区块大小临时缩小为1M，并指出将来可以恢复32M的上限。到2015年，随着比特币交易量的迅速增长，1M的区块大小已经捉襟见肘，区块扩容迫在眉睫。来自全球的开发者们纷纷提出自己的扩容方案，其中绝大多数是硬分叉方案。

所谓的硬分叉就是指扩容后，比特币的新版本和前版本不能兼容，老节点无法接受新节点挖出的全部或部分区块，导致同时出现两条链。硬分叉要求所有节点同时升级软件，如果有较多老节点未升级，它们将工作在另外一条完全不一样的链上。2017年8月1日，比特币硬分叉成为现实。一种基于比特币原链的新型区块链资产比特币现金（BCC）横空出世，并在很短的时间内价格急速攀升，到现在已经成为市值仅次于比特币和以太坊的第三大数字货币。

外界一直担心硬分叉后比特币会因为各种货币的使用造成混乱而

崩溃。

比特币价格波动问题

以比特币为代表的虚拟货币在交易市场的价格波动幅度较大。主权货币理论专家指出：比特币自身的价格就不稳定，又怎么能起到稳定虚拟货币市场的作用呢。但事实上由于网络货币在设计上是有限的，属于稀缺资源，所以一直呈现价格、价值双升的趋势，而且也的确起到了对冲主权货币风险的作用。2017 年以来比特币和以太坊的价格市值飙升，引致 2017 年上半年主要虚拟货币市值从 177 亿美元升至 1000 亿美元以上，比特币的市值仅 7 月就从 310 亿美元升到 470 亿美元。

2012 年塞浦路斯经济危机，人们尝试投资比特币规避风险，促使比特币价格从 50 美元上涨到 266 美元。2016 年印度货币改革造成风险，与主权货币相对独立的比特币再次成为避险货币，交易价格最高达到 880 美元左右。

所以，截至目前，比特币是具有稳定并提升虚拟货币币值并能对冲主权货币风险的良性货币。

另外，主权货币专家认为虚拟货币助长了虚拟经济而对实体经济的发展不利。这大概是混淆了虚拟经济与实体经济、虚拟世界与现实世界这两个不同的对称概念。虚拟世界的交易越兴旺应该对现实世界里实体经济的发展越有利，除非现实世界里的虚拟经济与实体经济的比重出现了偏差，网络上风行虚拟产品而实体经济产品供应不足。

另一个问题是比特币这样的虚拟货币对实体经济有无益处。首先，完全以有益于实体经济为标准是不准确的。事实上虚拟世界与虚拟经济不是一件事的两个侧面。虚拟经济同实体经济对应，但虚拟世界是现实世界的对称世界。

传销式数字货币骗局

近几年来,比特币的火爆让越来越多的人认识了数字货币这一新生事物。然而,也有一些别有用心的人利用这一新概念炮制一个又一个骗局。

目前我国大部分投资者并不懂数字货币,很多传销分子利用这一点进行传销行骗,将"数字货币"的概念与传销结合起来,形成"传销式数字货币"。有调查报告点名了26种传销币,分别是:珍宝币、百川币、SMI、MBI、马克币、暗黑币、MMM、美国富达复利理财、克拉币、V宝、维卡币、石油币、华强币、CB亚投行香港集团、币盛、摩根币、贝塔币、世通元、U币、聚宝、21世纪福克斯、万喜理财、万福币、五行币、易币、中华币。

四、拥抱虚拟货币

网络交易需要网络货币即数字货币是正常货币现象,但风险与收益相伴是无法避免的。

从法律角度考察,主权货币只是伴随国家现象的历史现象。从法律角度看,虚拟货币的信用来源于技术和法定货币来源于主权很难说哪个更靠谱。国家的变迁、政权的变化会使主权货币带有极大的不确定性。但网络货币发行主体如果分散化,其法律约束力就被信用所取代,由于发行主体信用的差异和不确定性,很难形成虚拟世界通用的货币,而使网络交易成本上升、纠纷增加而提出网络司法的机制问题,这会要求更为复杂的治理能力和技术。

但相对法定货币而言,网络货币更有条件回归交易契约本质。所以对待虚拟货币简单封杀是错误的,正好相反,更应该在建立网络货币体系、监管体系、政策体系上下工夫。我们既不能用传统的货币理论衡量虚拟货币的性质与特点,也不能放任网络特点,放弃市场秩序对网络经济和虚拟货币的法律规范及风险管理。任何偏颇都不可取。

  网络经济是高度市场化的，由于屏蔽了行政权力的干预，更需要有自由市场观念与之相适应。所有的市场都充满风险，都需要规则、秩序和信用，当然就需要有逐步完善的治理结构和法律关系调整。虚拟货币问题只是整个网络经济的一扇窗户，打开窗户，还有许多意想不到的场景，而关闭窗口则根本没有机会走进互联网金融的新世界。

（本文写于 2018 年 6 月 22 日）

数据的产权制度和隐私边界

一、数据权利

数据是一个变迁中的历史范畴。古人结绳记数的年代,数据纯粹是计算的工具和产物。现代而言,数据是指对客观事件进行记录并可以鉴别的符号,是对客观事物的性质、状态以及相互关系等进行记载的物理符号或这些物理符号的组合。它是可识别的、抽象的符号。当人类的记录技术已经无处不达时,人类的各种活动都可成为数码符号。只有因为某种需求或认知而组合或运用这些符号时,才会产生数据,即有某种用途的符号链。显然,没有认知为前提的数据只是一些符号垃圾。

数据的核心价值是时间维度上的数据链,数据链的价值取决于认知能力。认知使记载成为数据,运用使数据成为商业资源。当工业社会向信息化社会转化时,人们对数据的认知发生了质的变化。数据已不仅仅是数据,也是重要的商业资源,当智能化社会来临时,数据的价值制高点逐渐形成。

随着数据商业资源价值的不断提升,数据的权利问题便日益重要。社会公共数据和个人信息已经成为信息社会的一种重要的社会资源。尤其是对个人信息资源的争夺,已经在社会各个领域逐渐白热化,法律的介入成为必然。

但数据的虚拟性使得其在经济价值、法律关系、权利主体各方面的权利设计都更为复杂。在法律权利上，涉及产权、人身权、安全保护等敏感的法律问题，如何使这些法律规定符合虚拟世界与现实世界的客观实际和抽象规则，就需要界定虚拟与现实世界之间的交合区域和本质差异。

另外，个人生活行为被记录然后就成为企业可以出卖的资源，这在法律上意味着需要找到商业运用与个人权利之间的边界。

作为资源的数据应当形成产权，受到保护。但法律主体收集的数据在产权归属上如何判定却是一件复杂的事情。一般来说，数据的记录和采集都需要成本，所以也须遵从经济关系上谁投资谁拥有谁受益的原则。但数据同一般财产不同，数据具有通用性，同样的数据采集者众。同样的信息因不同的认知，数据的构成不同，效用也不一样，产权的形成依据也不一样。除了对价与认知来源不同，许多数据具有共享性，因此同实物产权不同的是，数据产权的排他性是有限制的。

可见对数据权利的设定和相应的保护，要建立在准确的数据性质判定和分类的基础上。不同类型的数据其权利结构差异很大。

二、数据分类与权利设计

数据分类关键是找到合适的维度进行分类分析并进行合适的权利设计。在各种分类中有三类数据比较深刻地涉及权利设计：

第一类是公共数据。数据与其他社会产品相比，带有显著的公共资源特征。这主要是指各种统计数据。政府有责任向公众提供属于公共资源的数据，凡是政府在运用的，本质上公众都可以运用，而不能以任何理由包括公共安全的理由垄断数据的使用。这类数据的权利设计理念主要是保护大众的运用，防止政府部门的垄断和隐瞒。

第二类是个人数据。与公共数据相反的是，任何具有个人特征即产生于个人的数据和隐私属性的数据则需要全面适当的保护。这类数据的权利设计主要是保护基于人身权的个人属性的数据不被滥用而使具体的个人受到侵害。

在民法中，人身权利包括个人信息，一方面是生物属性的信息，如姓名、性别、年龄、血型、健康状况、身高、人种、声音、指纹、虹膜、生日、特征等众多可以直接或间接识别个人的信息；另一方面是社会属性的信息，如居住地址、通讯方式、电话号码、邮箱地址、家庭成员、职业、婚姻状况、职务、学历学位、户籍、身份证号、银行账号、信用记录、财物数额、医疗信息、社保账号等。这些信息包括了一个人的生理的、心理的、个体的、社会的、经济的、文化的、家庭的各个方面内容。简而言之，个人信息是指专属于个人，涉及个人人身、财产或尊严等有价值的信息。

从本质上考量，个人隐私的保护是法律要执守的边界，商业秘密的保护则主要是契约保护问题。商业秘密被侵犯是因为对方没有付出必要的对价而超出法律范围使用了商业信息，所以通过追偿对价解决，使商业数据机密通过契约而成为流转数据。而个人隐私被侵权，就不是付费所能解决的问题了。

个人信息作为民法上最新的概念，各国在立法上有很大分歧。然而，个人信息的法律内涵却通过很多国家长期的立法过程而逐步显现。目前，个人信息已经发展成为一个明确的法律概念。

涉及个人信息保护的问题时，学术界经常使用"个人数据""个人隐私""个人信息"等概念，其法律界定世界各国的立法并不统一。采用"个人隐私"概念立法的有美国、以色列、加拿大等；采用"个人信息"概念立法的有奥地利、英国等；采用"个人数据"概念立法的有德国、法国等。随着理论认识和立法实践的逐步深入，世界各国立法越来越多地使用了"个人信息"这一概念。

个人信息的特征可以归纳为人身性、专属性、关联性和价值性。法律边界的确定应当从这些特征出发，明确保护的范围、内容与程度。

第三类是商业化数据。这类数据有明确的产权归属，但所有者愿意出让时，使用者可以通过付出对价而取得这些数据的产权或使用权。

三、数据保护与交易

需要明确的是，个人信息的保护不是杜绝运用，而是要实行所有者同意有偿运用前提下的契约化运用。因此，首先需要明确数据的产权归属，其次需要明确数据的估值定价方式，最后要划定数据的可交易范围。

由于大量的研究、开发、营销的依据源于行为端数据和人身端数据，导致个人信息安全成为当前所谓大数据业务风起云涌的牺牲品。

在数据安全问题上要防范保护过度。数据如果不能被利用就是废物，被滥用则会伤及社会伦理和公共安全，甚至市场规则。如何界定合适的边界，需要研究公共资源、私人信息、商业数据三者之间的界限。这个界限是通过大量数据基础上的模型计量确定的，也是动态的。本质是寻找社会最大效率和个人权利底线以及个人能承受出让的边界。这种边界包括心理边界和经济边界。心理边界主要是针对尊严性的个人信息，经济边界主要是针对价值性的个人信息。对公共资源性的数据要充分利用，对商业数据应有偿使用，对个人隐私信息要绝对保护。

所谓隐私保护也应该分两种情况：一是涉及社会道德共识和公序良俗的内容，这部分隐私应该绝对保护不容侵犯；二是属于个人尊严的隐私信息，权利所有人有放弃或出租出售的意愿，可以通过契约进行有价让渡。

对于商业信息而言，只要付出对价，信息就可以成为数据。

四、医疗数据

比较典型的是医疗数据。

在医疗活动中，呈现比较复杂的状态，病人的信息掌握在医院手中，而且是医疗过程的记录，这类信息是医院和病人双方互动形成的，所以权利归属上属于共有数据。政府部门运用时除了涉及个人隐私的内容都可以获取，医院用作研究、教学、开发产品等，对涉及隐私的也不能随意获取，确有需要的，可以通过商业让渡来解决。在医疗数据的形成、收集、存管、运用过程中，病人处于信息不对称的弱势地位，所以在医患关系中，出于公平的均衡，法律应该更多地保护患者的权益。在数据运用上亦是如此。

医疗数据的安全性比较敏感，但医疗数据与其他数据并无本质区别，核心问题仍然是区分公共数据、个人信息和商业数据。公共信息产生的数据归于共享，个人信息产生的数据归于隐私，但其中一部分可以交易。商业信息产生的数据归于市场，需要明确产权，明确价值评估和定价规则，促进数据的交易流转。

站在医疗数据公司的角度，它所获得的数据无非以下几种情况：一是从公共数据中分享的数据；二是付出对价收购的数据；三是对个人信息进行清洗，使之符合法律规定的使用范围，并摆脱侵犯隐私的弊端；四是对需要运用的个人信息如病例，须获得当事人对数据权利的放弃或给予适当补偿后运用。

医疗数据的正确运用可以造福人类，医疗数据的管控，出发点是运用而不是封锁。

五、虚拟世界自成体系

在来源于现实世界的各种数据堆积而成的虚拟世界中，基于数据的网络世界中，会产生各种虚拟产品，典型的如区块链技术下的虚拟货币。这些产品的权利与价值及交易规则，更多的是由其技术特点决定的，也会适用一部分现实世界的法律规范，但相信未来会有一套完整的法律体系与现实世界相互映射、相互影响却又独立运行。

当公共数据归于分享、商业数据归于交易、个人数据归于隐私，并对上述三类数据内容设计不同的法律保护范围和方式后，虚拟世界的文明将会同现实世界的文明并驾齐驱，引领整个社会走向成熟。

（本文写于2018年4月17日）

大数据异化及算法王道

大数据是数据的外延

现在和未来的唯一样本是过去。所有的过去都在数据中。

数据与大数据是不同的概念,但却是同一事物的不同状态的描述。

数据(data)是事实或观察的结果,是对客观事物的逻辑归纳,是用于表示客观事物的未经加工的原始素材。数据表示的是过去,但数据中包含了大量的信息,通过技术分析,数据所表达的是未来。所以数据是人类生活与社会管理活动中最基本的依据。事实上,数据伴随了人类文明的全部过程,人们对于数据的知识及实际运用能力也越来越强大,并使人类受益良多。

但是所谓大数据概念的出现使事情变得复杂起来。

大数据(big data)是指无法在一定时间范围内用常规软件工具进行捕捉、管理和处理的数据集合,是需要新处理模式才能具有更强的决策力、洞察发现力和流程优化能力的海量、高增长率和多样化的信息资产。通俗地说,也就是同时产生的海量数据在技术促进下得到实时运用,就构成了大数据。

技术进步,尤其是互联网和各种新的算法模型使得数据获得了即时采集、即时分析的信息结果。而即时采集的数据不再是人类的工作过程,也包括了人类的生活过程。不仅包括了人类工作的标的，也包括了人类自己，这使得问题复杂起来。但大数据的本质仍然是数据，是新的技术环境下的数据。

数据公司商业模式根源

在数据观念下，我们将以往的数据进行有目的结构化统计，尽量延长数据的长度、宽度、充足性和真实性，通过分析，发现规律，总结逻辑，借用算法，建立模型，弄清从前，预判未来。正视不确定性现实，解决信息不对称问题，推动社会发展。需要明确的是，数据的基本属性是公开、透明、共享，所以数据的商业价值有限，社会价值无限，基于数据的各种算法和逻辑才是数据商业产品的核心竞争力。

大数据观念下，传统数据、社交数据、传感器数据都可以通过互联网采集到。那么这些碎片化的非结构性数据价值如何挖掘出来呢？

首先，结构化的统计数据不构成大数据特征。而传感器数据更多地用于特定领域的智能识别系统，虽然也是新技术带来的新数据源，但其商品化运用受到一定限制，而互联网上获得的社交和行为数据由于其海量、实时，得到广泛的应用。当我们谈论大数据时，更多意义上是指这类狭义上的社交、行为数据和某些社会服务层面的数据，如医院的诊治、用药记录、银行的客户交易记录、商场的客户交易记录，等等。所谓精准营销，就是通过搜集某人的相关数据进行个性化商品信息推送、药物推荐等，也有数据公司提供各种个人的行为数据供金融机构进行风险分析。

大数据运用的收益主要是通过掌握信息的时间差、地区差，利用特定的数据来源形成或制造信息不对称，占据一定的交易优势而获得较高收益。

数据公司通过网络可以在被采集人不知情的情况下采集到社会成员的身份、身体、样貌、行为、家庭及相关的一切信息，通过算法把相关信息连接起来，生成针对具体人的营销、个性化推送、趋势判断、资产追踪，等等。对于掌握了某些场景下解决某类问题的算法的数据公司而言，大数据带来了商机。一方面像头条新闻的个性推送，让我们觉得服务的水平更贴近每个人；另一方面也因此而毛骨悚然，因为这样的推送实际上已经忽略了我们自己的意愿和权利，肆意地侵蚀到个人隐私权和独立权益，随意进入了附属于个人的生存空间。当你刚订完机票，就有手机短信推荐接站订车，这让你心里恼火。但的确对有需求的客户来说很是方便，而私人空间则渐被侵入。这种所谓大数据运用的危害性可能会动摇社会基础秩序。

当前条件下，数据产权制度尚未形成，更没有个人数据权利观念，一些公司把数据洗去个人标识便成为通用数据，每个人一般都不会在海量数据中主张单一的权利。而国家统计部门目前也无力把实时数据纳入公共统计范围，向社会提供数据公共服务，这就形成了一段较长时期的混沌状态，数据公司通过低成本的数据来源获得超额收益，得以生存发展。

可见，大数据之所以蓬勃发展，其经济依据是数据行业的额外收益，这些额外收益主要来自于侵犯社会成员的数据权益，使数据公司通过互联网低成本获得这些数据，然后通过技术和算法优势形成数据服务产品，获得不错的盈利。可以说，数据公司几乎无偿地获得了数据资源，并把它们转化成商品。但算法却是需要真正资本投入才能获得的产品。所以随着数据的大量公共分享，将失去其资源价值，只有那些投入设备和智力掌握了大量社会生活情景下解决问题的逻辑和算法的数据公司才真正具有竞争力。那些仅仅靠查询和数据供应而生存的公司是无法持续的。

传感器数据也存在同样的问题。传感器的设置和广泛分布以及分辨技术虽然需要大量的投资，但是目前一些影像数据分析公司和智能公司的数据来源大都从公共传感网络或者企业的传感系统所收集，客观上占用了公共资源。而这些影像资料的使用则更容易直接侵害个人隐私领域。比较典型的是私自通过酒店或公寓的视频记录探查个人行踪或进行所谓市场分析。

大数据异化

就像工业革命造成的异化一样，大数据也造成了数据的异化。

数据从服务人类管理活动，到干预并损害人类生活状态，产生了异化。

那么这一切是怎么发生的呢？

大数据的实时性制造了市场先机，销售业一哄而上，因为有利可图，传统的规则被悄然融化，但新的规则有待时日。

互联网提供了数据的多样性，对客户的个性化需求定位带来了可能，而这正是传统销售业的短板。但新的以大数据为基础的营销越来越干扰到人们的正常生活方式。

传统数据分析运用需要专业背景，很难广泛推广，而所谓大数据只是数据的低端运用，门槛低，成本低。大数据简单运用社交行为数据，由于缺乏逻辑背景，常常并不准确。例如收集小企业或个人支付能力的数据用于风险评估，而许多情况下暂时性的、周期性的、季节性的现金流萎缩都是企业经营和个人生活中的正常现象，依此评估风险是不准确的。

法律约束不明朗造成数据滥用。立法与司法制度的完善需要一个信息收集、反馈、设计、测试、广泛应用的时间周期，这个周期成为数据滥用牟取暴利的窗口期。一旦国内采用了类似欧盟《通用数据保护条例》（GDPR，2016年4月通过法案，2018年5月25日正式生效）这样的数据保护，大数据的无序状态将会结束，今后几年内，依靠滥用数据获利的公司无疑会被淘汰。

当数据的运用能带来超额收益时，必然导致滥用，从而导致数据运用所提供的信息服务产生的收益归于一部分人，而大多数人因此而受损。本来服务于人类的数据开启了干扰人类生活秩序的模式，大数据进入数据文明的负面清单。

至此大数据终于走到了数据的反面，成为数据的异化现象。工业革命异化对工人造成的流水线压力随着技术的升级和自动化以及人文环境的改善而逐渐缓和。但大数据时代对人居环境和心理以及权益的威胁更甚于工业革命异化。面对这把粗糙的大锁，理性和规则的复兴才是唯一的钥匙。

数据为王到算法为王

可以预见，当数据的公共资源性质逐渐形成，某些数据的稀有性减退，其价值也会递减。

廉价的公共化数据，使得数据稀有性得到稀释，价值逐渐式微，而作为实现数据价值桥梁的算法却逐渐进化升级，智力投入越大，准入门槛越高，价值凝聚越多。所以算法的市场价值会逐步提升。

算法即逻辑。一套算法是理论归纳与实务判断和智能操作技术的综合产物。一类事物，最优算法理论上是唯一的，所以算法可以说是有限资源。算法是指解题方案的准确而完整的逻辑与技术描述，算法代表着用系统的方法描述解决问题的策略机制和数学模型。也就是说，如果一个算法有缺陷，或不适合于某个问题，执行这个算法将无法解决这个问题。不同的算法可能用不同的时间、空间或效率来完成同样的任务。一个算法的优劣可以用空间复杂度与时间复杂度来衡量。在数学模型上表现为多种变量之间复杂逻辑关系的处理。

由于我们生活在有限的时间和空间里，因此所有人都会面临一系列需要选择的特定问题，诸如一年内哪些事必须做、哪些事可以放弃。人们为了买房，到处去看房，尽管你事先制定了标准，但还是要跑很多楼盘，什么时候可以下手或者继续选择？

事实上平衡观念是解决问题的关键，那么这个平衡点在哪里？专家计算的结果是37%。看完这个比例的房子以后就可以下手了,再多看意义不大。这个37%就是某种算法的产物。

算法基于专业逻辑和数学模型。未来只有建立在算法基础上的数据运用才是可持续的。而算法是所有行业智能化的技术与逻辑基础。算法不是源于数据,而是源于数学,源于基础教育,源于专业训练,源于长期积累。相信浮躁的大数据行业自身很难具有这样的原创能力。智能化需要数学家。可以预见,大数据的烟花将随风飘散,算法为王的时代即将来临。

(本文写于2019年8月19日)

去中心化的文明选择

在区块链的又一波热潮兴起时,区块链问题才真正引起学界重视。站在纯技术之外,观察和思考区块链应用,首先要看清楚其背后所依据的文明方向。这是因为区块链的根本价值在于去中心,而中心化还是去中心化,则是人类文明选择的大问题,不能不细察。

一、人类社会治理中心的产生和价值

所有的生物种群,有两类生存方式,一类群居,另一类独居。群居如狮、狼、鸟、蚂蚁等,独居如虎、鳄鱼等。也可以说一类是有中心的生存,另一类是无中心的生存。事实上从现状来看,这两种生存方式都有效地实现了生物种群的繁衍。

人类从森林之始就是群居动物,但比较分散。在原始部落时期,群落扩大,有首领,有管控,有等级,也有实现公平的规则,尽量使每个成员都生存下去。可以说中心化是上帝的安排,是最有利于某些生物群体繁衍的生存方式。

显然,人类是中心化生存方式最成功的种群。而非中心化生存也有不少成功的范例,如号称生物化石的鳄鱼。

达尔文认为,人类并不比其他动物高等。实际上任何动物都可能比另一种更高等,每个物种都不可思议,都完美地或近乎完美地符合它的生存环境以及它在其中的角色。他相信上帝设计了掌控繁殖的规律，允许物种按照需求去改变自己从而适应环境的变化。

所以，每种生物都选择了自己适应环境的生活方式，有的选择了中心化，有组织而更有力量，更有活力和能力，有的选择独来独往不断地完善个体能力，就像狮子依靠群体生存而老虎个体生存能力更强。

卢梭指出：家庭是最古老的社会，又是唯一的自然社会。然而，孩子依靠父亲的这种自然联系也会有解除的一天。因为它只有在孩子需要父亲抚养时才是必需的，孩子终有一天不再有这种需求，应有的服从和照顾一旦停止，孩子和父亲就同时恢复了独立。

这段话隐含了中心化发展规律的全部密码，即从一元中心走向多元中心。

中心化是社会发展必然的自然关系，符合种群繁衍和个体生存的需要，到一定程度会产生中心分裂，产生分中心。大多数中心化模式生存的生物群体都存在这一规律。也可以说国家就是中心化文明的产物。那么分中心在什么时候出现呢？这跟中心化的异化程度相关。

二、中心化的异化

去中心化并非标新立异，而是有其哲学、政治、经济缘由的，主要是因为中心化社会治理所产生的异化越来越严重。

从政治上看，国家就是中心化文明的产物。无论欧洲还是中国，东方还是西方，人类社会遵循先建立治理中心然后寻找约束和降低成本之道。政治中心无非两条路：一是集权。人性抵不住权力的诱惑，很容易反击约束走向皇权或专制。在中国，秦始皇开了大一统的先河，使得治理成本越来越高，最后达到不可承受的程度，从而形成中心化的异化。另一条是走向民主，以法律约束治理者，如卢梭在《社会契约论》中所说：在政治社会里，每个人都是天生自由和平等的，如果他转让自己的自由，是为了给自己带来好处。所以，一切权力的建立都要服务于被统治者，这才符合人类社会设立治理中心的初衷。

从经济角度考察，中心化异化的主要原因是中心化运行成本不可逆的上升。许多历史学家注意到这一点，并以此来解释皇朝更迭的原因：就是不受约束的政府支出越来越需要加征赋税，导致人民不可承受，从而引发革命。

经济运行中心化也相应走向两端：一端是强化中心的作用，不断扩大中心的规模和环节，增加和改善功能，意图提高中心的效率，并尽量减少成本；另一端是约束中心功能，让局部中心发挥作用，即分布式格局。

由于信息不对称的客观性，信用的基础必须建立在社会治理中心的基础上，例如，主权货币的运行需要依赖政权信用，并设立央行、商业银行、保险公司等金融机构，需要有遍布各地的服务网络和货币结算、清算、汇率、现金、支付工具等方面的创新与管理，信用需要越大，信用管理的成本就会越高，服务效率最终会越来越低，造成异化。金融体系的资本回报率远超实体企业资本回报率就是典型实例。

正因如此，解决信息对称结构的技术运用能起到减轻中心化负担的作用，这就是区块链技术的基本出发点。

中心化治理是社会信用与秩序的背书，在市场全球化条件下，缺乏这种背书市场是无法交易的，但中心造成的负担使所有的交易无法图利时，人们就不能不去寻找新的秩序，即分中心。就像父亲已经变得衰老、保守或奢侈无度，儿子便要自立。

为了完善社会治理和秩序，需要建立无数的制度和社会状况监控工具与舆论工具，如实名登记制度、户籍管理制度、信用管理制度、产权制度，以及治安纪律机构、司法机构、市场管理机构、电子监控网络、各类政府机构和网站、无数的媒体，等等。这些本来是服务大众的机构，一旦赋予权力，很容易成为大众自由度的阻碍，使得去中心化成为一种向往。

三、去中心化的误区

去中心化容易使人联想到蒲鲁东和克鲁泡特金的无政府主义。

克鲁泡特金通常被视为无政府共产主义最重要的理论家,在他的著作里描绘的经济理想是合作会比竞争更有益,主张借由人们自行"没收全社会的财富"来废止私人财产,并以一个由人们自愿组织、无阶层分别的网络来协调经济运作。他主张在无政府共产主义里"房屋、田地和工厂都不再是私人财产,而是归属于公社或国家的",而货币、工资和贸易将会被废止。个人和团体将会使用并控制他们所需要的资源,无政府共产主义的目标便是将"收割或制造出的产品分配给所有人,让每个人自由的使用他们",主张"占有他们所能耕种的土地大小"的小耕农们、"居住在对他们人数而言大小适当的房屋"的家庭们和"使用他们自己的工具或纺织机"的工匠们都能自由地选择他们想要的生活。

这很像是对去中心化的追求。

其实无政府主义者并不是去中心主义者。他们强调的是个人自由,但也主张公社和政府的存在,也可以说是有限中心论者。

共产主义理想对未来社会描述的主要特征是:人的自由全面发展、物质生产的极大丰富、共同的劳动环境、文化的家庭关系、生产的市场计划。可以说这就是去中心化理想。但共产主义是有计划社会,当然存在社会中心。

在网络环境下,去中心带来流量大增。但流量大的未必是品质好的。决定经济有效性的因素更主要的还是制度安排,即中心化格局。不要以为技术规范可以代替制度规则,物理条件可以代替市场竞争。

社会信用不仅是信息对称的产物。经济主体的信用是市场坏境,公平与效率是交易的重要基础。但信息对称只是交易过程真实公平的条件,却不是效率的必然条件。信息真实和保密技术的运用只能带来交易的公平,不能产生交易的效率。

人类文明的进步常常以中心化为标志，如二战之后布雷顿森林体系的建立、联合国的建立，以后各种全球和区域合作联盟的成立，各种民间非政府组织（NGO），等等，包括中国经济发展中产生的长三角经济区、珠江三角洲大湾区、环渤海、京津冀，都是中心化取向下寻求新秩序来平衡利益关系推进共同利益的措施。到目前为止，从人类文明的价值上看不到彻底去中心的需要。

在中心化运行的价值判断上，需要厘清民主与自由的绝对化和相对性。中心权威的强化无疑会导致个体自由的弱化，但显然彻底的去中心化会导致个性自由的泛滥。

四、去中心还是多中心

中心化的合理性问题是一个成本与效率问题，如果成本、效率控制在合理区间，去中心化就缺乏动力。现实的需求常常是更换中心结构，或者由一元中心裂变成多元中心，信息由集中储存演变成分步储存。

中心化的优势在于：

1. 集中资源，更加有效地配置，整体上效率大幅提升，赋予优质产品更多资源和流量，增加社会效用；

2. 统一信用标准，更有利于提高信息对称度，便于评估风险；

3. 行政与货币的统一促进交易与秩序。

中心化的缺陷在于：

1. 如果中心权力失去约束，则资源的配置和使用产生几何级的不公平扩散；

2. 失去控制的中心化扩张使得维护中心化的运行成本逐步增加，甚至超过其收益，最终不可持续。

去中心化的优势在于：

1. 稀有资源通过分布式存放增加共享；
2. 可以把某种规则放在最适合运行它的区域；
3. 大幅度降低社会治理成本，尤其是信用成本；
4. 去中心化让每个人都有可能创造出新的产品，但不一定是优质的产品。

但去中心化很容易掉进难以自拔的陷阱。

在网络观念上，去中心化，不是不要中心，而是由节点来自由选择中心、自由决定中心。简单地说，中心化的意思，是中心决定节点。节点必须依赖中心，节点离开了中心就无法生存。在去中心化系统中，任何人都是一个节点，任何人也都可以成为一个中心。任何中心都不是永久的，而是阶段性的，任何中心对节点都不具有强制性。

也可以说，去中心化是为中心化提高效率服务的。可见，去中心化是一个伪命题，实际上是多元中心和一元中心的取舍。

五、去中心化的陷阱

在信息对称与真实及时上，客观上不可能完全实现。即使区块链技术也只是相对安全与真实保持信用，但世界的本质是不确定性的，决定了信息不对称的客观性，去中心化可能会带来社会治理失控的灾难性后果。

信息不对称是绝对的，对称只是风险管理的相对成果。完全的去中心化，达到信息对称的完美程度，实际上是不切实际的幻想。

网络并不是一个能从本源上脱离现实世界的虚拟世界，而是现实世界的映射，也应遵从中心化发展的规律。被技术引领而超现实需求追求去中心化，不仅不能减少治理成本，反而会增加风险。例如不可能完全以虚拟货币代替主权货币，没有主权货币的货币世界只能以主权国家中心的消亡为前提，目前还看不到这种可能性。去中心化的核心问题在于破坏了中心化的规则而不能以去中心化的规则替代，模糊了秩序，使得网络成为与现实世界之间的风险隐蔽所，如 P2P 一样，反而增加风险总量，酿成大祸。

民主制度与权力集中之间存在一个合理的关系区间，既能使权力得到约束又能使民主免于泛滥而影响社会治理总效率。社会的进步总是围绕对权力的约束和对民主的规范进行，也就是完善中心化模式而不是去中心化。

所以去中心化只是一个狭义的提法，广义上是要在中心化体系下找到多中心的通道和中心与自由的合理关系，即某种均衡点。

去中心化的本质是挣脱中心规则对个体自由的束缚，增加社会创造能力，新技术提供了这种可能，但自由也是有代价的，那就是在新的技术规则和技术迭代更新中被新的中心所控制。当前的人类文明程度，还摆脱不了这个陷阱。

所以，一个国家，一个社会，一个经济生态圈，需不需要去中心化，需不需要运用网络和类区块链技术建立多中心化的社会治理功能，并不是由技术能力决定的，而是由对社会状态的综合计量和社会学、法律学等多方面综合考量来决定的。如果现状还处在大致均衡有效的状态，去中心化就是危险的行为。如果现状已经不可持续，则去中心化会使社会获得更新发展的机会。

六、俯视区块链

在区块链所谓点对点不可更改的安全交易中，除非交易平台公益化、无规则，否则平台一旦制定规则并有收益，在人性的推动下，实际上就是中心化结果。

区块链技术对于交易场景的信用环境尤其是信息对称来说，应该说是向真实可察迈出了巨大步伐，但其建设成本同样巨大。对于当前的中心化社会而言，区块链仅是技术建成，远非经济建成，所以缺乏运用的基本动力。就像太阳能发电技术一样，只能在某些特定领域或局部环境下运用。

但这并不是去中心,而是分中心的建设。

所以,去中心的说法是不准确的。信息世界都是由多个小中心连在一起的,中心与中心之间交互信息。类似的情况在通信方面也存在。在宽带、光纤等信息传播的速度和带宽不够时,中心很小,现在通信技术、互联网技术、数据算法、5G等的发展,总中心可以支持分中心的广度和深度都呈几何倍数增加了,仍然是一个总中心和分中心的关系。在信息世界中,每个分中心就是一个小物联网,连起来就是大物联网。每个分中心之间通过通信协议进行数据交互管理,分中心与自己的各个单元进行数据交互。这大概就是区块链的本质吧。

由此可见,分步式多中心前提下的区块链技术和各种运用,是不是到了一个巨大的机遇期,是否存在经济成本的动力优势,是否能提高交易效率,是否是社会文明的进步方向,尚需更加深入的评估。

(本文写于 2019 年 11 月 21 日)

逻辑与数据

人们认识世界判断事物总是首先要建立起某种逻辑思维的方式。逻辑规律既是客观事物的规律性总结，也是人的一种主观提炼、思维规律。但客观事物是变化的，人的主观认识是有弹性的，人们运用逻辑的能力也是有差异的。因此，逻辑判断常常同实际情况存在偏差，这不是逻辑的问题，更不是客观事物的偏差，而是在一般逻辑与具体客观事物之间还缺乏一种认识媒介——使逻辑的运用与事物的真相之间能够高度相关的连接，这个媒介只能是数据。

数据是事物客观性的抽象表现。由于时间一维，所有的瞬间都成为过去而不复存在，除非你进入时间隧道，否则你了解过去的真相只能通过各种数据。但数据不是一本书，可以返回去重读，数据是碎片，是零落，是局部，是偶然，需要有逻辑的人认知，才能找到方向，把碎片连接，把零落整理，把局部整合，使偶然成为必然。

但人都是经验主义者，愿意凭主观认知认识和判断事物，每个人在接受教育的过程中被注入一定的逻辑思维模式在头脑中，无形中下意识地运用既定的逻辑去认识和判断事物，这就会使人的认识与实际的真相之间、逻辑判断与客观事实之间存在偏差。有时候，我们会怀疑地问：到底该相信逻辑还是该相信数据？

数据是自然留给我们的最完整的过去，但人类采集数据的能力永远是有限的，所以人类不可能把整个昨天都用数据完整地记录并保存下来。有些事情一旦过去，便永不复见，我们只是把关系到我们今天和未来生存的相关数据记录和保留下来，用以了解昨天，观测明天。到目前为止，人类还没有找到比数据更能说明未来情景的依据。

逻辑的说服力来自于它所表达的事物的规律性。我们可以用逻辑的力量去征服未来，说明未来，辨识未来，但逻辑的前提有可能发生偏差。因此，我们有必要用数据去证明逻辑的正确，或者运用逻辑的认知去连接碎片化的、零落的数据，使这些数据变得有价值。例如风险管理正是这样一种人类有效的社会管理技术。

运用风险管理的认知观念，就能正确地运用数据将数学模型、概率计量、置信区间计算、风险成本计量等科学方法同心理学、经济学、社会学等社会科学知识兼容并济，就能在真实实际和未来之间搭建一座通达的桥梁，使我们对未来的认识更趋于真实。

因此，按照经济学的逻辑和经济数学的运用，我们就能获得对未来经济状况的预判，按照风险管理的逻辑和风险数据的积累结果，我们就能逼近未来发生风险的真实，对不确定性进行管理。如此可以类推。

如果在逻辑与数据之间进行选择，我倒宁愿把两者结合起来，运用逻辑，相信数据，获得真实。

（本文写于 2015 年 7 月 13 日）

图书在版编目（CIP）数据

蒙格斯文集之拥抱不确定性/朱小黄著.—北京：经济管理出版社，2020.6
ISBN 978-7-5096-7169-6

Ⅰ.①蒙⋯　Ⅱ.①朱⋯　Ⅲ.①社会科学—文集　Ⅳ.①C53

中国版本图书馆 CIP 数据核字（2020）第 096592 号

组稿编辑：李玉敏
责任编辑：李玉敏
责任印制：黄章平
责任校对：张晓燕

出版发行：经济管理出版社
　　　　　（北京市海淀区北蜂窝 8 号中雅大厦 A 座 11 层　100038）
网　　址：www.E-mp.com.cn
电　　话：（010）51915602
印　　刷：三河市延风印装有限公司
经　　销：新华书店
开　　本：720mm×1000mm/16
印　　张：15
字　　数：200 千字
版　　次：2020 年 7 月第 1 版　2020 年 7 月第 1 次印刷
书　　号：ISBN 978-7-5096-7169-6
定　　价：68.00 元

·版权所有　翻印必究·
凡购本社图书，如有印装错误，由本社读者服务部负责调换。
联系地址：北京阜外月坛北小街 2 号
电话：（010）68022974　邮编：100836